KB082899

코드 속에 감춰진 빅피처

블록체인으로
무엇을 할 수 있는가

블록체인으로 무엇을 할 수 있는가

코드 속에 감춰진 빅피처

김용태 지음

연암사

코드 속에 감춰진 빅피처

블록체인으로 무엇을 할 수 있는가

초판 발행 2018년 5월 21일
3쇄 발행 2021년 6월 12일

지은이   김용태
발행인   권윤삼
발행처   도서출판 연암사

등록번호 제10-2339호
주소   121-826 서울시 마포구 월드컵로 165-4
전화   02-3142-7594
팩스   02-3142-9784

ISBN 979-11-5558-036-3   03320

이 책의 모든 법적 권리는 저자 김용태와 연암사에 있습니다.
저자와 연암사의 허락 없이 무단 전재와 무단 복제를 금합니다.
값은 뒤표지에 있습니다. 잘못된 책은 바꿔드립니다.

연암사의 책은 독자가 만듭니다.
독자 여러분들의 소중한 의견을 기다립니다.
트위터 @yeonamsa
이메일 yeonamsa@gmail.com

이 도서의 국립중앙도서관 출판시도서목록(CIP)은
서지정보유통지원시스템 홈페이지(http://seoji.nl.go.kr)와
국가자료공동목록시스템(http://www.nl.go.kr/kolisnet)에서
이용하실 수 있습니다. (CIP제어번호: CIP2018013007)

머리말

"나는 블록체인으로 무엇을 할 수 있나요?"

요즘 가장 많이 듣는 질문입니다. 아마 당신도 이게 궁금해서 이 책을 펼쳤을 겁니다. 여기저기서 블록체인 이야기가 화두가 되고 블록체인이 4차산업혁명의 핵심이라고 하는데 그게 나와 무슨 상관이 있다는 말인가?

블록체인으로 무엇을 하고 있을지 몇 년 후의 당신 모습이 궁금하다면 인터넷을 생각해보면 됩니다. '지금 나는 인터넷으로 무엇을 하고 있지?'

이제 인터넷은 공기와 같은 존재입니다. 인터넷이 없이는 숨 쉬기도 어렵고 우리 생활과 분리할 수 없는 것이 되어버렸지요. PC와 스마트폰이 없어진다면 모든 시스템은 마비되고 지구는 대혼란상태에 빠질 겁니다.

우리가 인터넷을 사용한 것은 20년밖에 되지 않았습니다. 1990년대 인터넷에 접속하기 시작할 때만 하더라도 세상이 지금과 같은 모습으로 달라지리라 예측할 수 있었던 사람은 별로 없었습니다. 인터넷이 확산되면서 웹 생태계가 조성되었고, 웹 기술이 무서운 속도로 달리면서 인류의 세계관과 가치관, 의식, 생활양식 그리고 기업들의 생산양식도 달라졌지요.

그러면서 지난 20년간 무수한 역전과 이동이 일어났습니다. 산업시대를 이끌었던 빅브라더들은 신생 스타트업들에게 오랫동안 유지하던 권좌를 내주었고 기업가치 역시 크게 역전됐습니다. 디지털 네이티브들은 웹(web)이라는 신대륙으로 항해해갔고 골드러시가 끊이지 않으면서 산업시대의 가치체인(value chain)은 러스트벨트로 노후화되어 버린 거지요.

개인들의 삶은 어떻게 변했나요? 사실 우리는 20년 전과 다른 생각을 하면서 다른 양식으로 살고 있습니다. 시계가 등속도 운동을 하니까 못 느끼는 것뿐이지 호모 사피엔스는 21세기형 신인류로 진화하고 있는 중입니다.

블록체인은 존재하지 않았던 것이 어느 날 갑자기 뚝 떨어진 게 아닙니다. 즉, 사토시 나카모토가 발명해낸 기술이 아니라는 말입니다. 그의 천재성은 융합능력에 있었습니다. 핵심사상은 이미 선각자들에 의해 제기되었었고, 오랜 기간 잉태되어 있던 집단지성 (collective intelligence)의 유전자가 인터넷과 스마트폰 같은 인프라스트럭처를 만나면서 감춰져 있던 모습을 드러낸 겁니다.

'블록체인으로 무엇을 할 수 있을까' 보다는 '블록체인이 무엇을 할까' 가 선행되어야 할 물음이 아닐까요? 제2의 인터넷, 웹3.0, 또는 4차산업혁명의 주역이라 불리는 블록체인은 분명 세상을 또 한번 뒤집어놓을 것입니다. 여기서 중요한 것은 숫자가 아닙니다. 키워드는 혁명이지요.

이렇게 얘기하면 블록체인이 무슨 외계인 모습을 하고 있는 것같고 낯설고 무서운 이미지가 떠오르겠지만 절대 그렇지 않습니다. 블록체인은 유머도 있고 인간적인 정이 느껴지는 아주 재미있는 친구입니다. 이것이 내가 이 책을 쓴 동기입니다. 블록체인을 처음 알았을 때 "아, 이거다!" 하는 느낌이 들었었습니다. 그리고 좀 흥분되면서 신나기도 했었고요.

나는 당신이 블록체인과 친해지길 원합니다. 절친이 돼서 많은 얘기를 나누다보면 당신이 무엇을 할 수 있을지 발견하게 될 겁니다. 만일 당신이 사업가라면 블록체인은 당신에게 동업이나 협업을 제안할 수도 있습니다. 또는 사업모델을 어떻게 혁신하면 좋을지 아이디어를 줄 것이고, 4차산업혁명에 어떻게 대응할지 인사이트를 제시할 겁니다. 코인과 토큰에 투자하고 싶다면 어디에 투자하면 좋을지 자문해줄지도 모를 일입니다. 블록체인 생태계에 적합성을 갖는 코인과 토큰만이 결국 살아남아 지배하게 될 것입니다. 주식투자에 성공하려면 주식의 원리와 판도를 파악해야 하듯이 코인/토큰도 블록체인의 본질에 대한 이해가 선행되어야 합니다. 또 당신이 주부라면 자녀를 어떻게 키우고 어떤 말을 해주고 행동해야할지 블록체인이 교육컨설턴트가 되어줄 수도 있습니다. 또는 학생이라면 당신이 어떤 일을 하면 좋을지 안내해줄 수도 있고, 대기업과 기관 앞에 줄서지 말고 당신만의 길을 찾으라고 조언할지도 모릅니다.

블록체인은 누구와도 좋은 친구가 됩니다. 그러나 이렇게 좋은 친구인 블록체인을 사람들은 잘 모르고 있습니다. 왜냐하면, 블록체인의 정체를 파악하기가 쉽지 않기 때문이지요.

흔히 블록체인을 분산원장기술이라 말하는데, 나는 그런 정의에 동의하지 않습니다. 블록체인은 프로그래밍 기술이 아닐 뿐 아니라 기술적 측면만 보아서는 블록체인의 본질을 파악할 수 없기 때문입니다. 블록체인은 철학과 사상이 융합되어 있는 생명체와 같은 것이고, 스마트한 지능을 가진 사려 깊은 친구입니다.

블록체인을 제대로 이해하려면 최소 10개 이상의 학문을 해야한다는 미국의 한 블록체인 관계자 얘기를 듣고 무릎을 쳤습니다. 정말 그렇습니다. 컴퓨터공학, 프로그래밍, 암호학 등 기술적인 지식뿐 아니라 경제, 비즈니스, 금융, 그리고 심리학, 인류학, 물리학, 역사, 철학 등 인문적인 지식도 필요합니다. 블록체인을 설명하는 많은 글이나 강의들이 단편적인 이유가 여기에 있는 것 같습니다.

4차산업혁명의 두 개의 핵심축이 블록체인과 인공지능인데, 인공지능은 전문가가 있지만 블록체인 전문가는 있을 수 없습니다. 인공지능에는 기술적인 장벽이 있지요. 뇌 과학이나 인지공학에 관한 전문지식 없이는 인공지능 기술을 이해하기 어렵습니다. 그렇지만 인공지능이 무엇이고 어떤 변화를 몰고 올 것인지 예측하는 일은 어렵지 않지요. 그러나 블록체인은 반대입니다. 블록체인의 기술이 어려운 것이 아니라 블록체인의 본질과 실체 파악이 힘든 거지요.

기술로서의 블록체인은 우리나라 프로그래머들의 수준이면 금방 따라잡을 수 있습니다. 조금만 들여다보면 소스코드를 이해할 수 있고, 코인이나 토큰을 발행하는 일도 25줄의 코딩이면 끝납니다. 핵심은 이 코드 속에 감춰져 있는 숨은 그림이지요. 그러므로 지금 우리에게 필요한 것은 기술이 아니라 블록체인이 그려갈 빅픽처를 찾아내는 통찰력이고, 블록체인으로 무엇을 할 수 있을까를 상상할 수 있는 창의력입니다. 이런 점에서 블록체인은 프로그래밍 기술이라기보다 사회적 기술이라는 표현이 더 적절합니다.

기술력은 세계 최고수준으로 올라와 있고 메이드인코리아는 명품의 상징이 된 대한민국은 그러나 유감스럽게도 블록체인 후진국입니다. 블록체인에 대한 기본개념을 아직 못 잡고 있고, 심지어 블록체인과 비트코인을 같은 것으로 혼동하는 사람들도 많은 실정입니다. 지금 바깥세상에서는 블록체인이라는 신대륙으로 항해해가며 개척하는 골드러시가 한창이고 끊임없이 연결과 융합이 일어나고 있는데, 우리는 계속 자기동일성만 반복하고 있습니다. 정부정책은 갈팡질팡 우왕좌왕하고, 사회적 인식과 공감대조차 형성하지 못하고 있는 것이 대한민국의 현주소입니다.

블록체인 이해에 발목을 잡는 것은 아이러니컬하게도 암호화폐입니다. 암호라는 용어가 풍기는 뉘앙스가 좀 음흉하고, 비밀거래에 쓰였다는 뉴스가 나오고 또 가격이 큰 폭으로 오르락내리락 불안정하다보니 17세기 튤립 열풍 등에 비교하면서 투기의 대상이라는 선입견도 생긴 거지요. 코인과 토큰은 블록체인 생태계를 유지하기 위한 에너지일 뿐인데 기성 고정관념이 본질에의 접근을 오히려 방해하고 있는 실정이 안타깝습니다.

블록체인은 2008년 사토시 나카모토의 '비트코인'이라는 제목의 논문에서 처음 선을 보였습니다. 그의 논문에는 블록체인이라는 용어는 나오지 않습니다. 사토시는 비트코인(Bitcoin)이라는 새로운

P2P 전자화폐시스템을 만들려고 했고, 시스템설계의 알고리즘을 고안해 냈는데, 사람들이 이 씨앗의 이름을 블록체인이라 불러준 거지요.

먼저 비트코인과 블록체인은 다른 차원의 개념임을 이해해야 합니다. 비트코인은 화폐시스템의 명칭이고, 비트코인 시스템을 설계한 알고리즘이 블록체인입니다. 처음 나올 때 둘이 샴쌍둥이처럼 붙어 태어나다보니 같은 것으로 혼동하는데, 이 둘은 분리될 수 있고 비트코인은 누구나 무료로 퍼다 마음대로 변형시켜 비즈니스도 할 수 있는 오픈 소스가 되어 있습니다.

비트코인의 도전에 매력을 느낀 벌들은 꽃분을 퍼 나르기 시작했고 많은 알트코인들이 생겨나면서 숲이 모습을 드러내기 시작했습니다. 이 중 왕벌은 비탈릭 부테린이었습니다. 21세기 외계인이라는 별명을 가진 이 러시아계 캐나다 청년이 만든 이더리움은 블록 안에 거래내역뿐 아니라 스마트 계약서까지 잡아넣는 획기적인 진화를 이루어냈지요. 그뿐 아닙니다. ICO라는 새로운 크라우드 펀딩 방식의 성공사례 주인공이 되었고, 또 이더리움은 스마트계약 플랫폼의 역할을 하면서 블록체인 기반 어플(분산형 어플리케이션, DApp)들의 골드러시를 이끌어냈습니다. 마치 스마트폰이 나왔을 때 무수한 앱들이 쏟아져 나왔듯이. 이렇게 씨앗이 뿌려져 싹이 트고 나무가 자라고 이파리가 나면서 거대한 숲 생태계가 만들어지고 있는 것입니다.

이것이 블록체인 이야기의 줄거리입니다. 그런데, 이야기가 여기서 끝나지 않습니다. 숲이 기존의 생태계를 분해시켜 버리고 새로운 생태계로 전환해가고 있는 거지요. 분산화와 권력이동을 통해 블록체인은 산업시대 가치체인을 해체시키면서 새로운 가치방정식을 만들어가고 있고, 30년 전 앨빈 토플러가 예언했던 '지구상에 새로운 부 창출체제의 등장'을 현실로 바꾸고 있습니다. 노후화된 금융시스템을 타깃으로 시작된 블록체인은 업종에 구분 없이 노후화된 모든 것을 분해합니다. 경제시스템도 바뀌고 정치사회구조마저 달라집니다. 정부나 국가의 존재 이유가 없어질지도 모를 정도입니다. 문명의 이동, 이것이 블록체인 이야기의 결말입니다.

블록체인 이야기를 양치기 소년의 외침 정도로 흘려들어서는 안됩니다. 블록체인은 늑대가 아닙니다. 오히려 양 같이 순하면서도 아주 스마트한 친구지요. 지금까지 늑대의 기세에 눌려 큰소리 한번 못 냈던 양들의 반란이 시작된 겁니다. 이것이 블록체인에 더 흥분되는 이유고 그래서 블록체인 이야기가 더 흥미롭습니다.

이 책은 기술적 접근이 아니라 블록체인에 담겨 있는 사회적/사업적 함의(implication)를 파헤치는 내용입니다. 1부에서는 블록체인이 무엇인지를 설명할 것입니다. 비트코인과 블록체인의 관계,

그리고 블록체인의 원리와 구조를 이해한다면 블록체인의 명확한 개념을 정립할 수 있을 겁니다. 2부는 블록체인이라는 씨앗이 땅에 떨어진 지 10년간 블록체인 생태계와 코인/토큰경제의 빅픽처가 어떻게 모습을 드러내 왔는지를 설명하는 내용입니다. 3부의 주제는 "블록체인, 누구냐 넌?"입니다. 감춰져 있던 블록체인의 민낯을 보게 된다면 당신은 블록체인의 매력에 빠지게 될지도 모릅니다. 블록체인은 99%의 집단지성이 발현될 수 있도록 도와주는 매력적인 친구이기 때문이지요. 그리고 블록체인은 인공지능이라는 또 하나의 스마트 가이와 만나면서 4차산업혁명을 일으키고 있습니다.

4부에서는 블록체인이 몰고 올 사회적/경제적/정치적 변화를 예측해볼 것이고, 5부에서는 블록체인의 비즈니스 함의가 무엇이고, 가치방정식의 변화에 기업들이 어떤 전략으로 대응해야 할지를 설명합니다. 마지막 6부까지 읽고 나면 블록체인은 일시적인 유행이나 파장이 아니라 근원적으로 문명이 이동하는 현상이라는 점을 통찰할 수 있을 것입니다.

블록체인이 나와 무슨 상관이 있다는 말인가? 내가 하는 사업이나 생활에 어떤 영향을 미칠까? 나의 정체성과는 어떻게 연관되는가? 이제 나는 어떻게 살아야 하는가? 실마리를 찾을 수 있었으면 좋겠습니다. 또 블록체인은 스타트업의 터전이 될 수 있습니다. 이

책을 통해 창업의 아이디어도 얻고 창업 붐이 일어나길 진심으로 기대합니다.

시간이 얼마 남아 있지 않습니다. 인터넷이 지금의 모습까지 진화해오는데 20년이 걸렸다면 블록체인은 5~10년 정도면 충분합니다. 어쩌면 더 당겨질 수도 있지요. 자, 이제 '블록체인'이라는 새 친구를 만나러 갑니다. 잠시 머릿속의 모든 생각과 짐을 내려놓고 블록체인이 만들어가는 새로운 세상으로 함께 여행을 떠나보시지요.

차례

머리말_ 5

1부/ 블록체인은 99%의 반란이다

CHAPTER 1 비트코인의 등장배경 _ 20
오순도순 마을공동체의 추억 | 문제는 은행이야! | 우리는 99%다 | 은행 비켜, 우리끼리 알아서 할게

CHAPTER 2 사토시 나카모토의 아이디어 _ 33
비트코인과 블록체인은 다르다 | 100명 마을공동체의 집단지성 | 글로벌 온라인 마을회의가 열린다 | 은행 없는 은행

CHAPTER 3 블록의 구조와 원리 _ 43
이중지불의 문제 | 합의와 집단지성의 힘으로 | SHA-256 해시 암호 | 블록을 뜯어봤더니 | 논스를 찾는 채굴게임이 벌어진다 | 분산컴퓨팅의 고민 | 비잔틴 장군들의 딜레마 | 작업증명은 출석확인서다 | 신뢰기계, 보안기계

2부/ 블록체인은 새 경제의 씨앗이다

CHAPTER 1 알트코인의 춘추전국시대 _ 66
골드러시가 시작되다 | 21세기 외계인의 등장 | 이더리움의 스마트계약 기능 | 조금 다른 블록체인, 리플 | 하드포크가 일어나다 | 작업증명 vs 지분증명 | 변형과 돌연변이가 일어나다

CHAPTER 2 블록체인 숲이 형성되다 _ 86
벤처3세대 펀딩 모델, ICO | 건강한 블록체인 생태계 조성을 위한 제언 | 디앱의 출현 | 코인과 토큰의 차이 / 토큰경제학

CHAPTER 3 1%의 각성, 프라이빗 블록체인 _ 101
블록체인 생태계의 빅픽처 | 프라이빗 블록체인의 다양한 사례들 | 공공기관 업무 적용 | R3코다와 하이퍼레저 | 블록체인은 기술이 아니다 | 블록체인 진화의 단계

3부/ 블록체인은 웹3.0이다

CHAPTER 1 블록체인의 유전자 분석 _ 116
분산 네트워크의 시작 | 팀 버너스 리, 하이퍼텍스트를 계승하다 | 블록체인의 게놈

CHAPTER 2 집단지성이 무르익다 _ 127
집단지성의 태동 | 공유경제의 부상 | 웹3.0의 개념

CHAPTER 3 블록체인이 인공지능을 만났을 때 _ 137
어거는 문어가 될 수 있을까? | 인공지능 진영이 갖춰지다 | 불확실성의 비용감소효과 | 정보의 검색을 넘어 가치의 검색으로

4부/ 블록체인은 사회혁명이다

CHAPTER 1 블록체인이 몰고 오는 경제시스템의 변화 _ 152
오스트리아 학파 vs 케인즈 학파 | 기업 비켜, 우리끼리 알아서 할게 | 기업 분해의 징조들 | 컨센시스의 실험 | 노동의 종말

CHAPTER 2 건전한 사회를 위하여 _ 167
에리히 프롬의 꿈 | 탈중앙화 자율적 정부의 모습 | 국가의 미래 | 교육혁명

CHAPTER 3 놀면서 돈 버는 세상이 온다 _ 180
영웅신화와 거인환상 | 내가 곧 미디어 | 콘텐츠의 미래 | 데이터의 주권회복운동 | 신인류의 출현 | 루브 골드버그의 장치

5부/ 블록체인은 새로운 가치방정식이다

CHAPTER 1 가치체인의 역사와 골드버그 장치의 노후화 _ 196
20년 회고록 | 가치체인의 변천사 | 골드버그 장치의 해체가 시작되다 | 투자하든지 협업하든지 직접
하라

CHAPTER 2 가치융합방정식의 원리 _ 210
블록체인은 공유경제다 | 제조업의 미래 | 공유경제의 끝판 왕 | 가치체인과 블록체인의 차이점

CHAPTER 3 블록체인 시대의 마케팅전략 _ 224
시장 비켜, 우리끼리 알아서 할게 | 시장에서 플랫폼으로 | 99%를 무대 위로 | 피어들을 돈 벌게 해주는
마케팅전략

6부/ 블록체인은 문명이동의 축이다

CHAPTER 1 비즈니스 무대의 이동 _ 240
이동의 연금술 | 암호화폐와 법정화폐의 미래 | 구름 위에서 생산이 이루어진다 | 암호상품의 등장 | 디지
털 트랜스포메이션 | 상품의 모듈화

CHAPTER 2 소유의 종말 _ 257
예술과 블록체인의 결합, 크립토아트 | 얍섬의 돌 화폐와 비트코인 | 마르셀 뒤샹의 해학

CHAPTER 3 노마드 정신 _ 267
16세기 세계사 | 인류 최고의 발명품, 복식부기 | 누르하치의 리더십 | 모래만다라의 철학 | 그들은 동굴
에서 행복하게 살았다

참고문헌 _ 280

4차산업혁명의 두 개 핵심축은 블록체인과 인공지능이다.

인공지능은 뇌 과학이나 인지공학에 관한 전문지식 없이는

이해하기 어렵지만 블록체인은 반대다.

블록체인의 기술이 어려운 것이 아니라 블록체인의 본질과 실체 파악이 힘든 것이다.

지금 우리에게 필요한 것은 기술이 아니라

블록체인이 그려갈 빅픽처를 찾아내는 통찰력이고,

블록체인으로 무엇을 할 수 있을까를 상상할 수 있는 창의력이다.

1

블록체인은 99%의 반란이다

CHAPTER 1
비트코인의 등장배경

CHAPTER 2
사토시 나카모토의 아이디어

CHAPTER 3
블록의 구조와 원리

블록체인을 제2의 인터넷이라 하는 이유는
디지털 자산의 생성과 가치의 이동을 가능하게 한 것에 있다.
인터넷을 정보혁명이라 한다면 블록체인은
지능혁명이라 할 수 있다.

CHAPTER 1
비트코인의 등장배경

　블록체인이 무엇인가를 본격적으로 알아보기 전에 먼저 비트코인 이야기를 하지 않을 수 없다. 왜냐하면, 이 둘은 다른 차원의 개념인데도 불구하고 태어날 때 샴쌍둥이처럼 붙어서 나왔기 때문이다. 많은 사람들이 비트코인과 블록체인을 같은 것으로 혼동하는 이유가 여기에 있다.

　비트코인의 개념을 잘못 이해하고 있는 경우도 많다. 대개는 비트코인을 돈으로만 생각한다. 그런 오해를 불러일으키는 원인이 몇 가지 있는데, 동전(coin)이라는 단어, 화폐 이미지의 캐릭터들, 그리고 알트코인들을 통칭해서 암호화폐(crypto-currency)라 부르다보니 화폐라는 이미지가 강해진 것이다. 또 가격이 환율이나 주식처럼 오르락내리락하는 비트코인(BTC)을 17세기 튤립 투기 등에 비견하는 것도 올바른 개념 정립에 혼선을 준다.

결론부터 말하자면, 비트코인의 본질은 화폐단위가 아니라 화폐시스템이다. 이것을 이해하는 것이 블록체인 생태계로 들어가는 열쇠가 된다. 비트코인이 무엇인지 개념을 정립하기 위해 비트코인이 왜 언제 어떤 역사적 배경에서 나왔는지를 추적해보자.

오순도순 마을공동체의 추억

우리가 오순도순 살던 시절이 있었다. 여러 가족들이 마을공동체를 이루고 옆집에 누가 사는지 숟가락 젓가락은 몇 개인지도 알면서 서로 신뢰하고 일도 품앗이하고 의논할 일이 생기면 모여서 막걸리도 한잔 하면서 살았다. 이때는 이웃이 어려우면 돈도 꿔주고 물건도 외상으로 주고받고 하는 과정에서 신뢰(trust)는 전혀 문제될 여지가 없었다.

그러다 산업혁명이 일어나면서 상황이 바뀌기 시작한다. 산업화와 도시화가 본격화되자 이때부터 사회적 신뢰는 중요한 문제로 부각되었다. 공유경제 모델의 대표격인 에어비앤비 CEO 브라이언 체스키도 이런 말을 했다.

"먼 옛날, 지금의 여러 도시들은 작은 마을이었다. 하지만 대량생산과 산업화가 이루어지면서 그러한 인간적인 느낌은 '대량생산

21

되고 인간미 없는 여행'으로 대체됐다. 그에 따라 사람들은 서로를 신뢰하지 않기 시작했다." (『에어비앤비 스토리』, 127쪽)

돈을 빌리거나 상품이나 부동산을 거래하는 경우 예전처럼 마을 공동체를 이루어 옆집 살림살이까지 속속들이 서로 알면서 오순도순 살 때는 서로 인간적으로 해결하면 됐었지만, 낯선 사람끼리 도시에 모여살고 인구도 많아지고 거래량도 늘어나면서 대책이 필요해지게 되었다.

신뢰의 문제가 수면 위로 떠오른 것이다. 그래서 은행 같은 게 필요해졌다. 은행은 산업화의 산물이다. 사회시스템은 거대해졌고, 자본주의 하에서 사회적 신뢰를 담보해줄 수 있는 중간조직이 생겨났는데, 그것이 은행과 같은 금융시스템이다.

금융업은 지난 200년간 혁혁한 공을 세우면서 경제시스템의 중앙무대에 서게 되었다. 은행이 없었더라면 산업문명은 존재할 수 없었을 것이다. 산업시대 은행은 막강한 권력을 가지게 되었고 심장의 역할을 하면서 모든 거래와 경제행위를 조정하고 통제해왔다. 또한 그 대가로 엄청난 이익을 누릴 수 있었다.

문제는 은행이야!

그런데, 서서히 문제가 생기기 시작했다. 은행의 금융시스템이 노후화된 것이다. 특히 디지털과 인터넷, 스마트폰은 금융의 파이프라인을 급속하게 녹슬게 만들었다. 은행이 변화의 속도를 따라가지 못하는 것이다. 몇 가지 예를 들어보자.

첫째, 송금의 문제다. 글로벌 시대가 되면서 환전과 해외송금의 거래량과 액수가 늘어났다. 그런데 SWIFT(국제은행간 통신협정)라는 파이프라인이 다단계이다보니 시간도 며칠, 경우에 따라서는 몇 주 걸릴 뿐 아니라 거의 10~20% 정도의 수수료가 발생한다. 한 비트코인 업체의 경영자 에릭 부히스의 말을 들어보면 심각성이 공감될 것이다.

"뱅킹시스템을 통해 중국에 돈을 보내는 것보다 철제도구를 부치는 게 더 빨라요. 대체 이게 말이 되나요? 돈은 이미 디지털로 바뀐 지 오래예요. 송금작업은 화폐다발을 직접 부치는 게 아니잖아요." (『블록체인 혁명』, 116쪽)

맞지 않은가? 돈을 송금한다는 것은 단지 내 계좌와 상대방 계좌의 숫자가 바뀌는 것뿐인데 빛의 속도로 정보가 이동하는 시대에 이렇게 오래 걸리고 중간단계에서 적지 않은 수수료를 뗀다는 것은 불합리하다. 파이프라인에 녹이 잔뜩 슬어 있고 거품도 끼어 있기 때문이다.

아프리카나 동남아 등 가난한 국가들에는 해외에 나가 있는 가족들이 막노동의 대가로 보내주는 돈에 의지해서 살아가는 사람들이 많다. 이들의 돈을 그런 파이프라인을 거치게 한다는 것은 잔인하다는 생각까지 든다. 더구나 그들 중에는 은행계좌를 개설할 수 없을 정도의 빈곤층들도 부지기수다. 신용을 확인할 수 없거나 불량하면 통장을 개설해주지 않으니까. 전 세계 약 25~30억 명은 은행 거래를 할 수 없다. 이들에게 은행은 거대 권력이고 인류의 절반 정도는 소외되어 있다.

은행만 그런 것이 아니다. 주식 거래는 눈 깜빡할 사이에 이루어지지만 최종정산까지는 며칠이 걸린다. 국채나 지방채, 회사채를 발행하는 데에도 중간 단계에 거품이 끼어 있다. 보험 역시 비합리적인 모순을 해소하지 못하고 있다. 그동안 금융업은 이렇게 사람과 사람의 중간에서 신뢰를 담보해주는 대가로 과도한 권력과 이익을 누려왔다. 전 세계에서 발생하는 금융이익을 합산하면 아마 수천 조원을 넘을 것이다.

둘째, 중복대출로 인해 거품경제를 조장하고 있다는 점이다. 우리 모두가 동시에 은행에 가서 내 통장잔고를 현금으로 달라고 하면 은행이 지급할 수 있을까? 못 준다. 은행에 돈이 없기 때문이다. 생각해보자. 은행이 대출을 해주면 그 돈은 어딘가에 쓰이고 받은 사람은 그걸 은행에 예금한다. 돈다발이 금고로 들어가지 않는 한

다시 은행으로 들어오게 되어 있다. 은행은 계속 숫자만 바꿔가며 대출을 계속 하면서 대출마진을 얻는다. 시중에 돌아다니는 통화량은 실제 화폐발행량의 약 6~7배에 이른다. 이러다보니 거품이 부풀어 오르는 풍선처럼 터지기 일보직전 상황이다. 우리는 지금 폭탄 돌리기 게임을 하고 있는 중이다.

또 은행에서 대출받았을 때의 감정을 회상해보라. 떼어오라는 서류도 많고, 작성해야 할 종이서류 역시 한 다발, 신원보증까지, 생각만 해도 짜증나는 통과의례를 거쳐야 한다. 인터넷을 넘어 모바일 시대가 되었는데도 사회적 신뢰를 담보해야 한다는 이유를 핑계 삼아 은행과 정부의 시스템은 구태를 벗지 못하고 있는 것이다.

셋째, 보안의 문제다. 우리가 은행과 거래하는 모든 내역은 은행 서버에 있는 장부(ledger)에 기록 보관된다. 만일 은행서버가 해킹을 당하거나 천재지변이나 전쟁으로 파괴된다면 세계경제는 순식간에 마비된다. 그런 극단적인 상황까지는 아니더라도 은행의 한 직원이 나쁜 마음을 먹고 거래내역을 조작하거나 왜곡시켜 버리면 큰 혼란에 빠질 수 있다.

또 디지털과 인터넷 시대 가장 위험한 이슈는 해킹이다. 고도로 지능화된 해킹 기술들이 계속 고도화되고 있는 상황에서 은행이 아무리 방화벽을 철저히 구축하고 보안시스템에 투자한다 하더라도 경찰 열이 도둑 하나 잡기 어려운 법이다. 누군가가 인공지능에게

해킹을 학습시켜 은행을 집중 공격하는 시나리오도 개연성 있는 일
이다. 이렇게 은행시스템은 보안에 취약할 수밖에 없다. 은행이 털
리면 지구는 다운된다.

우리는 99%다

기어이 2008년 미국에서 금융위기가 터지고야 말았다. 올 것이
온 것이다. 리먼 브라더스의 파산을 시작으로 무너진 도미노는 금
융계를 패닉 상태에 빠뜨렸고, 전체 산업계로 확산되면서 불황의
늪에 빠지게 되고, 그 파장은 거미줄(web)을 타고 전 세계로 퍼져갔
다. 분노한 시민들의 월 스트리트 점령운동도 전개되었었다. 그때
슬로건이 "We are 99%"였다.

〈2008년 미국 금융위기 시위대의 모습〉
노후화된 금융시스템은 결국 2008년 미국 금융위기로 터졌고, 월가 점령운동이 벌어지기도 했다. 이
때 슬로건은 "우리는 99%다"였다.

99%라는 게 무슨 말인가? "1%, 즉, 은행이라든지, 대기관이라든지, 정부라든지 너희들한테 경제운영을 맡겨놨더니 99%의 삶을 하루아침에 초토화시키고 도대체 이게 뭐냐, 또 99%의 서민들은 엄두도 못 낼만한 고액 연봉을 받는 소위 엘리트 전문가라고 하는 금융공학자들 머리에서 나온 금융시스템이 고작 이런 거냐?" 많은 사람들의 은행에 대한 불신과 분노가 터진 것이다. 이렇게 2008년 금융위기는 1%가 99% 서민들의 삶을 한순간에 초토화시키는 것을 보면서 정부나 대기업 등 제도권과 기득권층에 대한 혐오감이 커졌고, 새로운 시민의식도 싹트게 된 사건이었다.

그리고 금융위기가 일어난 그해 10월 31일 사토시 나카모토라는 정체불명의 프로그래머가 커뮤니티 사이트에 '비트코인' 이라는 제목의 논문을 올렸다. 전체 제목은 'Bitcoin: A Peer-to-Peer Electronic Cash System(비트코인: P2P 전자화폐시스템)'. 굳이 번역하자면 개인 대 개인이 직거래하는 전자화폐시스템이다.

여기서 처음 '비트코인' 이라는 단어가 등장한다. 논문의 제목이 암시하듯 사토시 나카모토가 만들고 싶어 했던 것은 새로운 화폐시스템이었고, 그 명칭을 비트코인이라고 브랜딩했던 것이다. 즉, 비트코인의 본질은 화폐시스템이고, 화폐단위로서의 비트코인은 이 시스템의 부수적인 요소일 뿐이다.

또 사토시의 논문에서는 암호통화(crypto currency)라는 용어를 사용한 것이 아니라 전자화폐(electronic cash)라고 표현했다. 이 말은 새로운 통화제도를 만들겠다는 의도보다는 비트코인 시스템에서 사용되는 캐시 정도로 고안했다는 정황을 보여준다. '크립토 커런시'라는 용어는 후일 생긴 것이고 아마도 사토시는 비트코인이 투기의 대상이 되리라고는 생각지 못했을 것이다. 사토시는 논문에서 비트코인을 이렇게 정의하고 있다.

"online payment to be sent directly from one party to another without going through a financial institution."

Bitcoin: A Peer-to-Peer Electronic Cash System

Satoshi Nakamoto
satoshin@gmx.com
www.bitcoin.org

Abstract. A purely peer-to-peer version of electronic cash would allow online payments to be sent directly from one party to another without going through a financial institution. Digital signatures provide part of the solution, but the main benefits are lost if a trusted third party is still required to prevent double-spending. We propose a solution to the double-spending problem using a peer-to-peer network. The network timestamps transactions by hashing them into an ongoing chain of hash-based proof-of-work, forming a record that cannot be changed without redoing the proof-of-work. The longest chain not only serves as proof of the sequence of events witnessed, but proof that it came from the largest pool of CPU power. As long as a majority of CPU power is controlled by nodes that are not cooperating to attack the network, they'll generate the longest chain and outpace attackers. The network itself requires minimal structure. Messages are broadcast on a best effort basis, and nodes can leave and rejoin the network at will, accepting the longest proof-of-work chain as proof of what happened while they were gone.

〈사토시 나카모토의 논문〉
2008년 10월 발표한 사토시 나카모토의 논문 제목은 '비트코인: P2P 전자화폐시스템' 이었다.

중간에 어떠한 금융기관도 거치지 않고 직접 P2P방식으로 개인과 개인이 직거래할 수 있는 온라인 시스템, 이것을 비트코인이라고 정의를 내린 것이다. 이걸 다른 말로 표현하면 "1% 은행 너희 비켜, 이제 99% 우리끼리 알아서 할게. 어떤 식으로? P2P 직거래 방식으로." 이것이 비트코인을 생각한 사토시 나카모토의 도전장이었다.

그러나 당시에는 사람들의 관심을 끌지 못했다. 사토시 나카모토가 유명인도 아니었고, 커뮤니티 사이트에는 프로그래밍으로 자신만의 새로운 세상을 창조해보려는 개발자들의 글들이 넘쳤기 때문이다. 조금 관심을 갖는 프로그래머들은 "뭐 또 재미있는 수학문제 같은 게 나온 모양이구나" 정도였던 것 같다. 주위의 반응이 없자 사토시 나카모토가 두 달쯤 지난 2009년 1월 3일 논문 속 내용을 직접 구현해서 비트코인 시스템을 만들어보였는데, 이때부터 비트코인의 제네시스 블록(genesis block, 최초 생성 블록)이 생성되고 채굴도 시작되었다.

은행 비켜, 우리끼리 알아서 할게

그는 왜 비트코인을 만들었을까? 앞에서 말한 대로 기존 은행 중심의 금융시스템에 대한 불신과 분노 때문이다. 그가 비트코인을 만들고 나서 약 한달 후인 2009년 2월 11일에 게시판에 올린 글을 보면 의도를 분명히 알 수 있다. 사토시는 비트코인 버전0.1을 발표하는 이 글의 서두를 이렇게 시작했다.

"I've developed a new open source P2P e-cash system

called Bitcoin. It's completely decentralized, with no central

server or trusted parties, because everything is based on

crypto proof instead of trust. Give it a try."

(나는 비트코인이라는 새로운 오픈소스의 P2P 전자화폐시스템을 개발했습니다.
이것은 완전히 분산화되어 있어서 중앙 서버나 신뢰를 담보해주는 기관도 없는
데, 모든 것이 신뢰 대신 암호를 기반으로 되어 있기 때문이지요. 한번 시험해보
세요. / 저자 역)

〈사토시 나카모토의 발표문〉

사토시 나카모토는 2009년 2월 11일 비트코인 버전0.1을 발표하면서 개발 동기를 밝히고 있다.

이와 같이 자신이 개발한 비트코인이라는 암호 기반의 분산형

P2P 전자화폐시스템의 개요를 설명하고는 자신이 비트코인을 고안한 동기를 조목조목 설명한다. "The root problem with conventional currency is all the trust that's required to make it work." 전통적인 통화에 근원적인 문제가 있는데, 그것이 무엇인가? 신뢰(trust) 작동기제에 문제가 생겼다는 것이다. 먼저 중앙은행의 문제점을 다음과 같이 지적한다.

"The central bank must be trusted not to debase the currency, but the history of fiat currencies is full of breaches of that trust."

(중앙은행은 통화가치를 떨어뜨리지 않는다는 신뢰를 주어야 하는데, 법정화폐들의 역사를 보면 배임투성이다.)

금융위기가 터지고 은행들이 지급불능 상태에 빠지자 중앙정부가 은행을 도와줬다. 어떻게? 달러를 찍어냈다. 통화량이 많아지면 어떻게 되는가? 화폐가치가 떨어지고 인플레이션이 온다. 정부가 은행 살리겠다고 화폐를 마구 찍어내면 99% 서민들의 삶은 더 어려워진다. 국가재정이 어려워져서 세금은 더 내야 하고 사회보장은 줄어드는데 물가는 오르니까. 정부와 은행들이 짜고 고스톱 치면서 서민들을 희생시키는데 대한 분노가 "우리는 99%다"라는 구호였던 것이고, 사토시 나카모토도 이걸 지적한 것이다.

시중은행은 어떤가? "Banks must be trusted to hold our money and transfer it electronically, but they lend it out in waves of credit bubbles with barely a fraction in reserve." 은행 본연의 업무에 충실하기보다는 지급준비금은 쥐꼬리만큼 예치해놓고 중복대출을 일삼으면서 잔뜩 신용거품만 만들어 놨다는 얘기다.

그래서 "We have to trust them with our privacy, trust them not to let identity thieves drain our accounts." 이제부터는 그들에게 맡기지 않고 우리가 직접 알아서 하겠다! 기존 시스템에 대한 분노를 표출한 것이다. 이게 사토시가 비트코인을 만든 이유였다. 또 "Their massive overhead costs make micropayments impossible." 즉, 기존 금융시스템에서는 간접비가 과다하기 때문에 소액결제는 불가능하다는 문제점을 덧붙였다.

이와 같이 기존의 은행시스템에 대한 불신, 금융기관이 과거 200~300년 동안 누려왔던 권력과 이익에 대한 반감, 그래서 "은행 비켜, 우리끼리 알아서 할게!" 이것이 비트코인이라는 1% 중심의 기존 은행시스템을 대체할 수 있는 99% 중심의 새로운 전자화폐시스템을 만든 사토시 나카모토의 출사표였고, 비트코인이 등장한 역사적 배경이다.

CHAPTER 2
사토시 나카모토의 아이디어

비트코인과 블록체인은 다르다

비트코인의 모습은 어떻게 생겼을까? 2008년 10월 비트코인이라는 시스템을 만들겠다는 논문을 발표하고 제네시스 블록을 생성하기까지 약 두 달간 사토시가 한 일은 프로그래밍이었다. 비트코인은 사실 코드(code)덩어리일 뿐이다. 비트코인 프로그램을 다운받은 노드들의 컴퓨터가 그 코드를 읽어서 작동되고 있는 것이다.

그런데, 아무 생각 없이 프로그래밍을 하는 사람은 없다. 전체 프로그램의 콘셉트나 로직을 먼저 구상하고 순서도(flow chart)도 그려본다. 그것이 알고리즘(algorithm)이다. 건축설계에 비유하자면, 설계도면을 그리기 전에 건물의 개요나 적합한 공법, 프로세스 등을 구상하는 것이다.

"은행 비켜, 우리끼리 알아서 할게!" 호기는 좋으나, 어떻게 은행이 담보해주던 신뢰의 문제를 해결할 것이며 서로 누군지도 모르는 상태에서 중개자 없이 직접 거래하겠다는 것인가? 그 문제를 해결하는 아이디어, 로직, 방법론이 블록체인이었다. 다른 말로 표현하면, 블록체인은 사토시 나카모토가 비트코인이라는 P2P 전자화폐 시스템을 설계하는데 쓰였던 알고리즘의 명칭이다.

사토시의 논문에는 블록체인이라는 용어가 없다. 블록체인(block-chain)은 블록들이 체인처럼 연결되어 있다 해서 붙여진 명칭인데, 사토시가 "chain of hash based proof-of-work"라고 표현한 것을 간단하게 블록체인이라 명명한 것이다. 즉, '해시암호기반의 작업증명'이 블록인 셈이다.

```
bT
{
  "hash": "000000000019d6689c085ae165831e934ff763ae46a2a6c172b3f1b60a8ce26f",
  "confirmations": 204564,
  "strippedsize": 285,
  "size": 285,
  "weight": 1140,
  "height": 0,
  "version": 1,
  "versionHex": "00000001",
  "merkleroot": "4a5e1e4baab89f3a32518a88c31bc87f618f76673e2cc77ab2127b7afdeda33b",
  "tx": [
    "4a5e1e4baab89f3a32518a88c31bc87f618f76673e2cc77ab2127b7afdeda33b"
  ],
  "time": 1231006505,
  "mediantime": 1231006505,
  "nonce": 2083236893,
  "bits": "1d00ffff",
  "difficulty": 1,
  "chainwork": "0000000000000000000000000000000000000000000000000000000100010001",
  "nextblockhash": "00000000839a8e6886ab5951d76f411475428afc90947ee320161bbf18eb6048"
}
```

〈비트코인 제네시스 블록의 모습〉
비트코인은 컴퓨터 코드들의 조합이고, 블록체인은 비트코인을 프로그래밍하기 위한 알고리즘이다.

이렇게 비트코인과 블록체인은 다른 차원의 개념이다. 비트코인은 시스템의 명칭이고, 블록체인은 그 시스템을 설계한 알고리즘이다. 다시 건축에 비유하자면 비트코인은 설계도면이고, 블록체인은 근저에 깔려 있는 공법이다. 코드라도 볼 수 있는 비트코인과 달리 블록체인은 눈에 보이지도 않고 만질 수도 없는 무형의 이데아일 뿐이다.

100명 마을공동체의 집단지성

자, 그러면 사토시의 아이디어는 무엇인가? 이해하기 쉬운 비유를 들어 생각해보자. 여기 100명이 존재하는 하나의 마을공동체가 있다고 가정을 해보자. 이 마을에서 경제적 거래가 일어났다. 예를 들어, A와 B가 금융거래를 한다. A가 돈을 빌려주고 B는 언제까지 갚겠다고 약속을 했다. 산업화 이전 오순도순 마을공동체였다면 신뢰의 문제가 없었겠지만 도시화된 환경에서는 은행이 중간에 있어 A가 은행에 예금을 하고 은행이 B에게 대출을 해주는 프로세스를 밟는다.

그런데 은행을 경유하지 않고 A와 B가 직거래하면서도 신뢰를 담보할 수 있는 방법은 무엇이 있을까. A와 B가 계약을 할 때 우리 100명의 사람들이 전부 마을회관에 모이자. 이것이 아이디어의 출발점이다. 전체 마을회의에서 A와 B간의 금융거래 사실을 나머지

98명이 증인이 되어주자는 것이다. A와 B가 몇 월 며칠 얼마를 언제까지 갚기로 하고 빌려줬다. 이 계약서를 두 사람만 가지고 있는 것이 아니라 나머지 사람들도 모두 장부에 동일하게 기록을 해놓는다면 나중에 갈등이나 분쟁이 생겨도 증인들이 있으니까 A와 B가 딴소리 못할 것이다. 일종의 합의 제도인데, 집단지성을 활용하는 아이디어다. 블록체인의 핵심원리는 집단지성(collective intelligence)이다.

회의가 끝나면 100명이 모두 합의한 거래장부에 사인을 하고 100카피를 만들어서 이 장부를 봉인하고 100명 모두 각자 하나씩 보관해놓으면 된다. 이 장부가 블록(block)이고, 새로 봉인된 장부가 이전 장부들과 체인처럼 연결됐다고 해서 블록체인이라 부르는 것이다. 이것이 블록체인의 구조다.

이와 같이 마을공동체에서 금융이든 부동산이든 상품판매든 거래가 일어날 때마다 구성원 전체가 증인이 돼주고 자산의 이전을 합의해주면 은행이 없이도 신뢰의 문제를 해결할 수 있다. 다시 말해, 신뢰를 담보해주던 1% 은행의 역할을 99% 집단지성의 힘으로 대체하는 것이다. 이것이 사토시가 생각해낸 P2P 네트워크 시스템의 운영방식이었다. 그러므로 비트코인은 마을회의체에, 블록체인은 회의운영 매뉴얼에 비유할 수 있다. 비트코인 시스템에서는 10분마다 블록이 만들어지는데, 10분마다 회의를 한다는 의미다.

글로벌 온라인 마을회의가 열린다

그럼 이 대목에서 의문이 생길 것이다. 한두 건도 아니고 거래가 생길 때마다 마을회의에 참석하면 본업은 언제 하라는 것인가? 그렇다. 지금까지는 그게 문제였다. 그래서 은행이나 정부 등 중간조직을 만들 수밖에 없었던 것이다. 산업사회 이전 오순도순 마을공동체 시절에는 쉽게 모일 수 있었는데, 산업화가 돼 뿔뿔이 흩어져 살면서 마을회관에 모이는 게 불가능했다.

그런데 디지털과 인터넷이 과거에는 불가능했던 것을 가능하게 만들어주었다. 특히 스마트폰은 누구나(anybody) 언제(anytime) 어디서나(anywhere) 무엇이든(anything) 할 수 있는 여건을 조성해주었다. 또 내가 직접 마을회의에 참석하지 않고 나는 본업에 충실하면서 마을회관에는 나의 대리인, 즉 아바타를 보내면 된다.

마을회관은 오프라인에 있는 것이 아니라 온라인상에 존재하게 되었고 지구 어디에 있든지 연결되어 100명이 아니라 100억 명도 동시간적으로 전체회의가 가능해졌다. 중간에서 은행이 개입하지 않아도 사회적 신뢰를 확보할 수 있는 인프라스트럭처가 조성된 것이다.

비트코인은 글로벌 온라인 마을회의시스템이자 일종의 경제공동체, 즉 플랫폼이다. 비트코인 공동체 구성원들은 네트워크로 실시간 연결되어 있다. 구성원들은 365일 24시간 네트워크상에 상주한다. 그러나 실제로 비트코인 채굴기 앞에는 사람이 상주하지 않는다. 컴퓨터가 돌아가고 있을 뿐인데, 이를 노드라 부른다.

노드(node)는 마을회의 참석자인 셈인데, 이 안에서 일어나는 모든 거래내역은 전체 노드들과 공유되고 10분 간격으로 거래내역을 암호화하여 블록(벽돌)을 찍어내서 그것을 각자의 컴퓨터에 분산 보관하는 것이다. 이렇게 새로 만들어진 블록은 이전 10분마다 만들었던 블록들과 체인처럼 계속 연결시켜 놓는다. 은행의 중앙서버에 기록하지 말고! 이보다 신뢰할 수 있고 안전한 게 어디 있겠는가? 이것이 사토시 나카모토가 생각해낸 블록체인의 개념이다. 다른 말로 표현하면, 비트코인이라는 플랫폼의 신뢰를 유지하려면 구성원 모두가 동의하는 규약이 필요한데, 그 프로토콜(protocol)이 블록체인인 셈이다.

〈집단지성〉
비트코인은 글로벌 온라인 마을회의에 비유할 수 있다. 회의참석자(node)들의 인증과 합의를 거쳐 거래가 확정되면 봉인된 장부(block)는 분산보관된다. 블록체인은 집단지성을 만드는 알고리즘이다.

사토시의 구상은 여기서 끝나지 않는다. 마을회의에 참석한 사람들에게 회의참석비를 줘야 할 것 아닌가? 교통비도 들었을 것이고, 다른 일을 못하고 왔으면 보상해줘야 사람들이 더 열심히 모이고 회의에 자발적으로 참여할 것이다. 그래서 인센티브로 사토시가 고안한 것이 비트코인(BTC)이라고 하는 돈이다.

이렇게 비트코인은 이중적인 의미를 갖는다. 화폐시스템의 명칭이면서 동시에 화폐단위의 명칭이기도 하다. 즉, 비트코인이라고 하는 화폐시스템을 구동하기 위한 인센티브, 쉽게 이해하자면 참여하는 사람들에게 주는 회의참가비다. 실제로 비트코인(BTC)을 채굴하려면 장비도 비싸고 전기도 엄청나게 소모되는데, 그에 대한 인센티브가 있어야 사람들이 너도나도 몰려들어 회의체가 활성화될 것이다. 인간은 경제적 동물이니까.

실제 비트코인 시스템에는 화폐단위의 계층이 있다. 원화에 원이 있고 전이 있고 달러화에도 달러가 있고 센트라는 단위가 있듯이 비트코인에도 비트코인(BTC)과 사토시(Satoshi)가 있다. 1사토시는 0.00000001비트코인, 즉 1억 분의 1BTC다. 예를 들어, 1BTC가 1,000만 원이라고 하면 1Satoshi는 0.1원이 되는 셈이다.

은행 없는 은행

블록체인은 탈중앙화 자율적 조직(Decentralized Autonomous

Organization, 줄여서 DAO라 한다)을 만드는 알고리즘이다. 즉, 중앙에 어떤 기관도 존재하지 않고 피어들이 자율적으로 움직이는 시스템 인데, 비트코인이 첫 적용사례였다. 비트코인 시스템에는 중앙에서 컨트롤하는 단체나 기구도 없고 호스트 서버도 존재하지 않는다. 노드들의 컴퓨터가 분산형 서버이고, 코딩되어 있는 프로그램에 의해 자동으로 작동되고 있는 분산원장 시스템이다.

블록체인과 비트코인의 관계는 자동차에 비유할 수도 있다. 100년 전 자동차라는 물체가 이 세상에 처음 나왔을 때 사람들에게 뭐라고 설명해주면 이해가 쉬웠을까? "자동차 안에는 엔진이라는 게 있는데, 석유를 엔진에 넣어주면 폭발하면서 피스톤 운동에너지가 발생해. 이걸 트랜스미션이라는 것이 바퀴로 전달해서 움직이는 것이 자동차야." 100년 전 사람들에게 이렇게 설명을 해줬다면 얼굴 표정이 어땠을까?

단순하게 '말 없는 마차' 라고 해야 쉬웠다. 당시 사람들의 머릿속에 마차라는 개념은 있었으니까 말과 마차를 연결하는 끈이 없이 스스로 움직이는 마차라고 설명하면 금방 이해했을 것이다. 비트코인은 '은행 없는 은행'(Unbank the Bank)이다. 즉, 지금까지는 은행이 앞에서 끌고 갔는데 끈을 끊어버리고 스스로 움직이는 은행시스템이 비트코인인 것이다. 비트코인이 자동차라면 블록체인은 엔진이다. 비트코인이라는 몸체를 스스로 작동하게 만들어주는 원천에너지가 블록체인에서 나온다. 그런데 엔진을 작동시키려면 가솔린이나 가스(gas)를 넣어줘야 하지 않겠는가? 가솔린이 화폐단위로서의 비트코인(BTC)이다.

〈은행 없는 은행〉
자동차를 '말 없는 마차'라 할 수 있듯이 비트코인은 '은행 없는 은행'(Unbank the Bank)이라 할 수 있다. 블록체인은 비트코인을 움직이는 엔진에 비유할 수 있고, 비트코인은 자동차 몸체(시스템)이자 가솔린(화폐)의 이중적 의미를 가지고 있다.

이렇게 비트코인과 블록체인은 처음에 한 몸으로 붙어서 태어났다. 즉, 비트코인이라는 DAO의 설계자였던 셈이다. 그러다 분리되기 시작한다. 이제 비트코인의 소스코드는 오픈 소스가 되어 누구나 공짜로 다운로드해서 실행할 수 있고 마음대로 응용/변형할 수 있다. 마치 컴퓨터 운영체제 리눅스(Linux)처럼. 또 금융뿐 아니라 온라인 거래를 관장하는 새로운 툴을 개발할 수도 있다. 실제로 비트코인이 성공을 거두자 블록체인 기반의 유사 암호화폐들이 쏟아져 나왔다. 현재 약 1,600종의 알트코인이 나와 있다. 특히 비탈릭 부테린이라는 당시 19세의 청년이 개발한 이더리움(Ethereum)은 블록체인 기반의 스마트계약 플랫폼으로서 비트코인보다 한 단계 진화된 시스템이다.

이것은 마치 자동차 엔진이 발전해서 6기통, 8기통, 또는 DOHC 엔진이 나오고, SUV 차량이나 캠핑카로, 또는 엔진 대신 배터리로 움직이는 전기자동차로 바꿀 수 있는 것과 같다. 엔진의 원리는 자동차뿐 다른 기계제품에도 적용된다. 블록체인이 처음에는 비트코인이라는 금융시스템과 붙어 있어 핀테크(fintech)의 하나 정도로 인식되었지만, 블록체인의 파괴력은 모든 업종으로 퍼져나가고 있는 중이다.

CHAPTER 3
블록의 구조와 원리

이중지불의 문제

비트코인은 중간에 끼어 있는 은행이나 기관들을 제쳐버리자는 데서 시작되었다. P2P 거래에서는 중간단계들이 모두 생략된다. 이 얼마나 유쾌한 일인가? 원래 인류는 수렵과 채집 시절부터 떼를 지어 다니며 공동체생활을 영위하면서 그런 식으로 살아왔다. 사토시 나카모토의 아이디어는 예전 공동체 시절처럼 면대면(face-to-face)으로 개인들끼리 직거래를 할 수 있게 하자는 것이다.

P2P 방식으로 바꾸면 중간에서 1%들이 챙기던 수수료 등의 돈이 99% 피어(peer)들에게 돌아갈 수 있다. 저절로 아프리카나 난민들 문제도 해결할 수 있게 되고 거대중앙권력으로부터 소외되었던 절반의 지구인들을 구원할 수도 있다. 이렇게 비트코인은 진정한

43

경제민주주의라는 야무진 꿈에서 시작된 것이다.

문제는 꿈이나 아이디어만으로 해결할 수 있는 것이 아니라는 점이다. 마을회관에 모두 모여 거래를 승인하고 확정이 되면 각자의 장부에 기록 봉인해놓는 아이디어는 좋다. 그러나 오프라인이 아니라 온라인 네트워크상에서 이것을 구현하려면 넘어야 할 또 하나의 장벽이 있다. '이중지불의 문제(double spending problem)'다.

이중지불이라는 문제가 발생하는 이유는 디지털의 특성 때문이다. 0과 1의 비트로 이루어진 디지털은 변형/복제/확산이 매우 쉽다는 특징을 갖는다. 이것은 정보의 이동을 획기적으로 높일 수 있다는 장점이 있지만 반면 위변조가 쉽다는 단점도 생긴다. 생각해보라. 아날로그인 종이화폐는 웬만해서는 위조지폐를 만들기가 어렵다. 그러나 디지털화폐는 Ctrl+C, Ctrl+V만 누르면 된다.

디지털화폐는 디지털 문서와 마찬가지로 단지 컴퓨터에 존재하는 파일일 뿐이다. 우리가 누군가에게 문서를 이메일로 보낼 때 문서를 첨부해서 보내도 원본은 내 컴퓨터에 그대로 남아 있다. 더구나 디지털에서는 원본과 복사본의 구분이 없다. 비트코인과 같은 전자화폐를 송금할 때 이것은 큰 문제다. 친구에게 전자화폐를 보내도 컴퓨터에서 사라지지 않고 그대로 남게 된다면 다른 사람에게도 또 보낼 수 있기 때문이다. 이중 삼중으로 지불이 된다면 금융시스템은 존재할 수 없다.

이런 한계 때문에 인터넷은 정보의 이동을 가능하게 했지만 가치의 이동은 불가능했다. 즉, 돈이나 부동산 권리, 지적재산권, 투표권 등과 같은 자산은 보낼 수 없는 것이다. 이것은 컴퓨팅 업계의 오랜 숙제였다. 사람들이 오프라인 공간에서 만나 면대면(face-to-face) 방식으로 처리하는 것과는 달리 온라인상에서 P2P를 구현하려면 '이중지불'이라는 난제를 해결해야만 한다.

합의와 집단지성의 힘으로

사토시는 이 문제를 어떻게 해결하려 했을까? 다시 논문으로 돌아가 보자. 다섯 째 줄에 이런 글이 쓰여 있다.

"We propose a solution to the double spending problem using a peer-to-peer network. The network timestamps transactions by hashing them into an ongoing chain of hash-based proof-of-work."

이 문장을 그대로 번역하는 것은 오히려 혼란을 줄 수 있으니 하나씩 풀어서 살펴보자. 여기에 이중지불의 문제를 해결하기 위한 블록체인의 원리인 세 가지 키워드가 들어 있다. P2P 네트워크, 해시(hash), 작업증명(PoW)이다.

첫째, P2P 네트워크를 이용해 이중지불을 막는다고 했는데, 원리는 분산과 공개다. 매 10분 간격으로 타임스탬프가 찍혀지는 블록(장부)에는 10분간의 모든 거래내역이 담겨 있다. 그런데 예전 같았으면 은행 중앙서버에 비밀스럽게 보관했어야 할 장부를 시스템 참여자(노드)들에게 오픈하고, 합의가 이루어지면 확정해서 블록을 그들의 컴퓨터에 동시에 분산 저장한다. 그래서 블록체인을 분산장부(decentralized ledger) 기술이라 부르는 것이다.

이런 구조에서는 디지털화폐를 두 번 보낼 수 없다. 또 속임수나 조작도 불가능하다. 왜냐하면, 모든 시스템 참여자들에게 거래내역이 투명하게 공개되고, 이들이 승인하고 감시하기 때문이다. 물론 이런 일은 사람이 아니라 컴퓨터가 한다.

즉, 이중지불의 문제를 컴퓨터공학 기술로 푼 것이 아니라 P2P 네트워크에서 생성되는 집단지성으로 해결한 것이다. 이것이 "P2P 네트워크를 이용해 이중지불의 문제를 해결한다"는 사토시 논문의 진의다.

그런데 여기에 비트코인의 비밀이 숨겨져 있다. A가 B에게 비트코인을 송금할 때 실제 코인이 가는 것이 아니다. 이 부분을 많은 사람들이 오해하고 있다. 비트코인은 실물이 존재하지 않는 구름 위 네트워크상에 떠 있는 가상의 화폐일 뿐이다. A계정에서 B계정으로 자산 가치가 이동했다는 사실을 나머지 노드들이 인증해주고 결과를 합의해주는 것이다(이에 대한 상세한 설명은 6부에 나오는 얍섬의 돌화폐 이야기 참조).

〈얍섬의 돌 화폐〉
얍섬에서는 거래할 때 돌 화폐를 주고받지 않는다. 마을어귀에 세워두고 소유권만 바뀐다. 섬주민들이
증인이 되어주기 때문이다. 비트코인도 같은 원리다. 집단지성을 활용하여 이중지불(double
spending)의 문제를 해결한 것이다.

　이처럼 기존 은행과 정부의 힘을 집단지성(collective intelligence)의
힘으로 대체한 것이다. 블록체인은 중간개입자 없이도 이중지불과
사회적 신뢰 문제를 해결한 합의 알고리즘이다. 그리고 시스템 참
여자 및 이용자들로 구성된 전 지구적 규모의 P2P 네트워크가 스
스로 금융기관의 역할을 하게 된 수평적 금융네트워크가 비트코인
시스템인 것이다.

　블록체인을 획기적이라 하는 것은 자산과 가치의 이동이 가능해
졌기 때문이다. 1990년대 인터넷이 보급되면서 정보의 혁명이 일
어났다. 그러나 이중지불문제라는 장벽 때문에 자산을 디지털화하
고 가치를 이동시키는데 한계가 있을 수밖에 없었다. 그렇기에 신
용을 담보해주는 은행이나 카드사, 또는 페이팔 등 제3의 중개자에

게 장부관리 역할을 위탁하는 것에 의해서만 해결할 수 있는 것이었다. 이를 통해 이중지불의 문제는 피할 수 있었던 대신 비효율과 비용이라는 부담을 짊어져야 했지만.

그런데 블록체인이 디지털 자산의 생성과 가치의 이동을 가능하게 한 것이다. 블록체인을 제2의 인터넷이라 하는 이유가 여기에 있고, 인터넷을 정보혁명이라 한다면 블록체인은 지능혁명이라 할 수 있다.

SHA-256 해시 암호

사토시는 여기에 또 하나의 장치를 첨가했다. 그것이 두 번째 키워드인 해시(hash)다. 비트코인은 해시 암호를 활용한다. 위키피디아에는 "해시 함수는 임의의 길이의 데이터를 고정된 길이의 데이터로 매핑하는 함수이다. 해시 함수에 의해 얻어지는 값은 해시 값, 해시 코드, 해시 체크섬 또는 간단하게 해시라고 한다"라고 기술되어 있다. 이 말을 이해하기 위해 비트코인에서 사용하는 해시 알고리즘인 SHA-256에 "비트코인과 블록체인은 다르다"라는 문장을 넣어봤더니 이상한 문자와 숫자들의 조합이 나온다.

b90f57545057426d904d6034ac91ad98da697dbe7beb543bdd879697acb8a62

48

이것을 해시값이라 부른다. 당신이 암호화폐에 관심 있다면 이런 문자와 숫자 조합을 많이 봤을 것이다. 전자지갑의 주소나 개인키 (private key) 등이 해시값이다. 자, 이번에는 "비트코인과 블록체인은 다르당"이라고 입력했더니 전혀 다른 해시값이 나온다.

a0533ce722f5cfca079d739fec2facfa6baab09babf3ca9be946a15f6f419fdf

두 문장의 차이는 '다' 와 '당' 뿐인데, 해시값은 전혀 인과관계를 찾을 수 없다. 문법이라는 것은 규칙이 있는데, 해시암호는 추론이나 역추적이 불가능하다. 또 이번에는 이 책 원고 전체분량을 넣어 봤다. 해시값은?

40c5300c9f0fd8a902d5c3774628c44dab78edf6471bb5cd1837f3ef4891903c

〈SHA-256 알고리즘에 텍스트를 입력한 화면 캡처〉
해시값은 추론이나 역추적이 불가능하며, 어떤 데이터도 동일한 길이의 해시로 변환된다. 이 결과치는 테스트용으로 실제 알고리즘 결과치는 다르다.

데이터의 양에 상관없이 똑같은 분량의 해시값을 산출한다. 이것이 "임의의 길이의 데이터를 고정된 길이의 데이터로 매핑하는 함수"라는 말의 의미다. 비트코인에서는 SHA-256 알고리즘을 사용하는데, 어떤 데이터이건 256비트(32바이트)로 바꿔주는 함수다. 비트코인과 같은 알트코인들을 암호화폐(crypto currency)라 통칭하는 것은 이렇게 암호화되어 있기 때문이고, 코인마다 다른 암호 알고리즘을 사용한다.

블록을 뜯어봤더니

사토시 논문의 세 번째 키워드는 작업증명(Proof-of-Work)이다. 작업증명은 말 그대로 일을 했다고 증명하라는 뜻이다. 채굴(mining)이라는 용어가 여기서 나왔다. 비트코인에서는 10분마다 블록이 생성될 때 12.5BTC(2009년 제네시스 블록이 생성될 당시에는 50BTC가 채굴되었는데 약 4년 주기로 채굴량이 반감된다)가 보상으로 주어진다.

작업증명(PoW)의 개념과 프로세스를 이해하려면 블록을 한번 뜯어볼 필요가 있다. 사실 눈으로 봐야 해독할 수 없는 암호와 소프트웨어 덩어리지만 구조를 안다면 블록체인의 원리를 이해하는 데 도움을 얻을 수 있다. 블록은 좀 단순화시켜 크게 두 개의 요소, 블록헤더(block header)와 블록바디(block body)로 구성되어 있다.

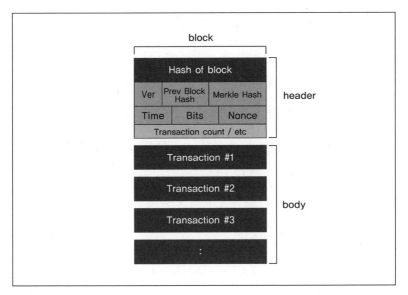

〈블록의 구조〉
블록은 헤더와 바디로 구성되어 있다. 바디에는 10분 간의 거래내역이 기록되고, 헤더는 블록의 속성
을 나타내는 작업증명서라 할 수 있다.

먼저 블록바디는 10분간의 거래내역 정보를 기록한 공간이다.
즉, 모든 시스템 참여자들의 입출금, 송금, 결제 등의 내역이 암호
화되어 보관되어 있다. 블록헤더는 version, previous blockhash,
merklehash, time, bits, nonce 등 6가지 요소로 구성되어 있는
데, 헤더란 저장되거나 전송되는 데이터 블록의 맨 앞에 위치한 보
충 데이터를 의미하는 IT용어다.

우리가 매일 사용하는 이메일과 비교해보면 블록의 구조를 이해
하기 쉽다. 이메일도 바디와 헤더로 구성되어 있다. 아래쪽 텍스트

는 메일바디 부분이고, 보내는 사람, 받는 사람, 제목, 보내는 시간, 받는 시간 등이 메일헤더다.

블록바디에 기록되는 거래는 두 개씩 묶여 해시화되는데 이것들이 나무타고 올라가듯 계속 합쳐져서 결국 하나의 해시값으로 요약되고, 이 값이 블록헤더의 머클해시(merklehash) 란에 입력된다. 그리고 version, previous blockhash, time, bits, nonce 등 다른 헤더 요소들의 값과 함께 해시 알고리즘을 거치면 다음 예시와 같은 하나의 해시값으로 압축된다.

0000000000000000121054d8320164e25ca78bd9355a07d4e4f6748b4e1823e

블록은 이렇게 해시화(hashing) 되어 노드들의 컴퓨터에 보관된다. 그리고 이 해시값은 다음 10분에 만들어지는 블록헤더의 'previous blockhash' 란으로 들어간다. 이렇게 계속 체인처럼 연결된다고 해서 블록체인이라 부르는 것이다.

논스를 찾는 채굴게임이 벌어진다

블록의 구조가 이해됐다면 이제 작업증명 이야기를 해보자. 블록헤더의 6개 구성요소 중 논스(nonce)가 있다. 논스는 'number only used once'의 축약어인데, 특정 조건을 만족시키는 숫자를 지칭

한다. 작업증명이란 논스를 찾는 게임이다.

논스를 찾는다는 것이 무엇인지 이해하기 위해 앞서 테스트해봤던 SHA-256 알고리즘에 이번에는 "나는 김용태다"라는 문자 뒤에 임의의 논스(nonce)를 붙여 입력해보자. "나는 김용태다0"을 입력했더니 이런 해시값이 나온다.

3cad76d283686392c9c1813baf25239a3f09b9e075d830984a9a
93d62b93adb8

여기서 뒤에 붙는 "0"과 같은 숫자를 논스라 한다. 논스를 계속 바꿔봤다. 논스가

1일 경우 = 063dbf1d36387944a5f0ace625b4d3ee36b2daefd
8bdaee5ede723637efb1cf4

2일 경우 = ed12932f3ef94c0792fbc55263968006e867e522cf
9faa88274340a2671d4441

3일 경우 = 4ffabbab4e763202462df1f59811944121588f0567f
55bce581a0e99ebcf6606

4일 경우 = 000e5e410dd915d190cce21d72a40bdbcc9db96d
80de87d28896b56766f31b4e

5일 경우 = f6471bb5cd1837f3ef4891903c40c5300c9f0fd8a
902d5c3774628c44dab78ed

6일 경우 = 6a9b5a89258b50744dfdf62e49ac6d869e8916e04
ce57d9d1fc953daed9bfcd8

역시 숫자 하나 바뀌었을 뿐인데 해시는 일정한 규칙을 찾아낼 수 없이 완전히 다르다. 논스가 1일 경우, 해시값의 앞에 0이 1개 있다. 또 4일 경우, 0이 3개인 것을 볼 수 있다. 그럼, 0이 8개로 시작하는 해시값이 나오려면 논스는 얼마여야 할까? 다시 말해, "나는 김용태다" 다음에 어떤 숫자를 넣어야 앞에 0이 8개가 붙는 해시값이 나올까?

답은 '누구도 모른다'이다. 앞서 말한 대로 해시함수의 특성상 유추나 역추적이 불가능하기 때문에 공식을 만드는 것은 불가능하고 계속 숫자를 바꿔가며 하나하나 대입해보는 수밖에는 도리가 없다. 이와 같은 단순반복 작업이 노드들이 10분 동안 벌이는 게임이다.

그러다 당신이 '2196508240' 숫자를 대입해봤더니 해시값이 8개의 0으로 시작하는 것을 발견했다면 유레카를 외치면 된다. 나머지 노드들의 인증과 합의가 끝나면 '2196508240' 숫자는 블록헤더의 'nonce'란으로 들어가 블록을 완성하고 모든 노드들의 컴퓨터에 저장 보관되는 것이다.

물론 가장 먼저 난이도목표 조건을 충족하는 논스를 찾은 당신은 12.5 BTC를 보상으로 받는다. 이것을 금광을 캐는 것에 비유해서 채굴(mining)이라 부르는 것인데, 물론 사토시의 논문에 쓰인 용어는 아니다. (예제에서는 "나는 김용태다"를 사용했지만 실제로는 블록체인에 추가된 바로 직전 블록헤더가 대상이 된다. 이렇게 체인처럼 묶여 있다.)

54

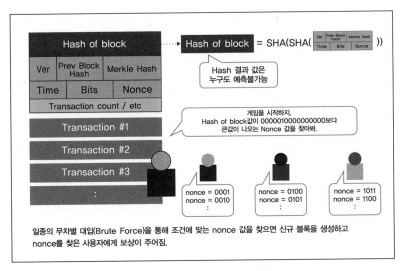

〈작업증명 게임〉
채굴(작업증명)이란 블록헤더의 해시값이 난이도 목표(bits)를 충족하는 논스(nonce)를 찾는 게임이다.
가장 먼저 찾는 노드에게 12.5BTC와 거래수수료가 보상으로 주어진다.

분산컴퓨팅의 고민

이렇게 작업증명(채굴)이란 블록의 해시값이 난이도목표(Bits)를 충족하는 논스(nonce)를 찾는 과정이다. 이 과정에서 악명 높을 정도의 전기료가 나올 뿐 아니라 엄청난 컴퓨팅 자원이 소모된다. 비트코인 초기만 하더라도 일반 PC로도 채굴이 가능했었는데, 시스템 참여자들이 늘어나면서 난이도목표가 계속 올라가다보니 CPU 대신 채굴 속도가 최고 50~100배 빠른 GPU 컴퓨터를 사용하는 노드들이 많아지기도 했었다. 한때 엔비디아의 그래픽카드가 동이 났다는 뉴스가 그런 현상을 말해주는 것이다. 또 채굴 확률을 높이기 위해 전용장비를 만들어 판매하는 업체들도 생겨났다. 중국의 비트메인이 대표적인 업체인데, ASIC(Application specific integrated circuit chips)는 아예 비트코인 채굴에 최적화된 반도체를 특수주문해서 장착한 것이다.

어쨌든 전기료나 컴퓨팅 자원 등을 이렇게 소모하면서까지 별로 쓸데도 없어 보이는 단순반복 작업을 시키는 이유는 무엇일까? 비트코인은 분산컴퓨팅 시스템이기 때문이다. 네트워크상에서 '공개'와 '분산'에는 큰 취약점이 있게 마련이다. 분산컴퓨팅의 가장 큰 약점은 신뢰와 안전에 구멍이 생길 수 있다는 점이다. 이 세상 모든 사람들이 모두 착한 사마리아인은 아니다. 시스템 참여자 중에는 악의에 찬 해커일 수도 있고 난봉꾼일 수도 있다. 혹시 한탕을 노리는 불순세력이나 조직이 개입할지도 모를 일이다. 또는 노드의 컴퓨터가 오작동할 개연성도 있다. 악의적인 노드를 전제로 그런 상황에서도 신뢰도 있는 서비스를 제공하는 네트워크를 설계해야 하는 것이다. 얼굴을 맞대고 하는 100명의 오순도순 마을회의가 아닌 이상 이것은 신뢰와 보안을 담보해야 하는 비트코인을 만들기 위한 사토시의 핵심과제였다.

그러나 이 문제 역시 갑자기 불거진 것이 아니다. 분산컴퓨팅의 고민은 인터넷이 태어날 때 안고 나온 태생적 문제다. 1969년 미국 DARPA의 통신 프로젝트로 시작된 아르파넷(ARPANET)이 인터넷의 시작인데, 아르파넷은 통신 네트워크를 분산시키기 위함이었다. 전쟁으로 통신망이 파괴될 수도 있고, 중간중간에 스파이가 있을 수 있는 상황을 전제로 안정적이고 지속가능한 통신네트워크를 구현하려고 한 것이 아르파넷 프로젝트였고, 이것이 지금 쓰고 있는 인터넷으로 발전된 것이다(이에 대한 상세한 설명은 3부 참조).

비잔틴 장군들의 딜레마

미국 분산컴퓨팅의 아버지라 불리는 레슬리 램포트(L. Lamport)가 1982년 공저한 논문에서 '비잔틴 장군들의 딜레마(Byzantine Generals problem)'라는 문제를 제기했는데, 오랫동안 풀리지 않는 숙제로 남아 있었다.

그러면 '비잔틴 장군들의 딜레마'란 무엇인가? 비잔틴 제국은 1453년 오스만 투르크에 의해 콘스탄티노플(현 이스탄불)이 함락될 때까지 약 1천 년간 지속되었는데, 제국이라는 것은 중앙화 통제시스템이 아니라는 속성상 결속력이 약할 수밖에 없다. 전쟁이 발발하면 황제는 여러 지역의 영주들에게 도움을 청해야 하고 영주들은 군대를 이끌고 참전한다. 그러나 황제반대세력이나 불온세력이나 첩자도 있기 마련이고, 중앙군 같은 결속력을 기대하기 어렵다. 문제는 이런 배경에서 제기된다.

1. 여러 지역에서 온 비잔틴 장군들이 적의 성을 공격할 계획을 세우고 있다.
2. 이들은 흩어져 있기 때문에 한 장소에 모여 의논할 수 없고, 전령(메신저)을 통해 교신하면서 공격일시를 정해야 한다.
3. 모든 장군들이 한날 한시에 동시에 공격해야만 작전이 성공할 수 있다.
4. 문제는 배신자가 섞여 있을 수 있는데, 누가 배신자인지 알 수는 없다는 점이다.

이때 배신자의 존재에도 불구하고 충직한 지휘관들이 동일한 공격 계획을 세우기 위해서는 충직한 지휘관들의 수가 얼마나 있어야 하며, 이 지휘관들이 어떤 규칙을 따라 교신해야 하는지에 대한 문제가 '비잔티움 장군들의 딜레마' 다.

"열 길 물속은 알아도 한 길 사람 속은 모른다"라는 속담이 있듯이 사람들 사는 곳에는 배신자가 있기 마련이고, 사고치는 사람도 생기는 법이다. 서로 얼굴을 아는 100명의 마을회관도 아닌 가상의 온라인 네트워크에서는 더 심각한 문제일 수밖에 없다. 어떤 식으로 알고리즘을 짜야 악의적 노드들의 방해에도 불구하고 소기의 목표를 달성할 수 있을까? 비잔틴 장군들의 예시를 하나 생각해보자.

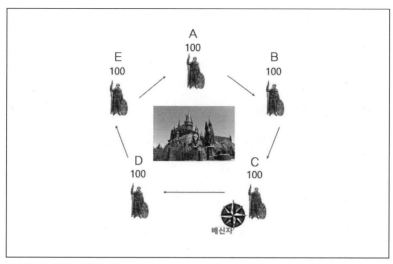

〈비잔틴 장군들의 딜레마〉

1. 각각 100명의 군사를 이끈 5명의 비잔틴 장군들이 성을 공격하려 한다.
2. 적의 성 안에는 300명의 군사가 있고, 반드시 400명 이상의 군사로 동시에 공격해야만 승리할 수 있다.
3. 이 중 한 명이 배신자다. 물론 누군지 알 수는 없다.

먼저 A장군이 B장군에게 공격시점이 내일 아침 9시라는 메시지를 전령을 통해 보낸다. 배신자가 없다면 C, D를 거쳐 E장군에게까지 9시라는 메시지가 전달돼서 내일 아침 9시에 500명 모두 동시에 공격해서 승리할 수 있겠지만, 만일 중간에 C장군이 배신해서 10시로 바꿔 D장군에게 보내면, D장군은 E장군에게 10시라고 전달할 것이고, 그러면 공격은 실패한다. 400명 이상이 동시에 공격할 수 없으니까.

작업증명은 출석확인서다

그런데, 여기에 작업증명(PoW) 규칙을 추가해보자.

1. 메시지를 받고 10분 만에 다음 장군에게 메시지를 전달해야 한다.
2. 장군은 반드시 10분간 왜 그런 작전을 도출했는지 작업했다는 증거를 메시지와 함께 보내야 한다.
3. 메시지를 받은 장군은 모든 이전 장군의 메시지와 자신도 10분의 시간을 들여 작업했다는 증거를 포함하여 메시지를 다음 장군에게 보내야 한다.

이런 규칙이 추가되면 배신자인 C장군은 난처해진다. 자신도 10분 동안 작업해야 하는데, 이전 A장군과 B장군이 작업한 내용을 조작해서 10시로 바꿀 여유가 없기 때문이다. 안 들키려면 그냥 9시라고 보내야 한다.

이것은 비잔틴 장군들의 문제를 작업증명(PoW)이라는 합의 알고리즘으로 해결한 예시다. 블록체인은 이전 메시지를 포함시킨 새로운 메시지로 이해할 수 있으며, 포함된 이전 메시지를 변경한 경우

60

변경(위조)되었다는 사실을 바로 알 수 있는 장부다. 작업증명은 10분의 시간을 들여 메시지를 만드는 과정이며, 정말 그러한 작업을 하였는지를 단번에 검증해낼 수 있는 방법을 제공한다.

100명 마을회의에 비유하자면, 출석확인서라 할 수 있다. 오순도순 마을회의에서는 굳이 이런 번거로운 작업이 필요 없겠지만 서로의 신원을 알 수 없는 온라인 네트워크상에서는 지금 참여하고 있는 사람이 진짜인지 가짜인지 확인할 방법이 없다. 또 비트코인 돈만 노리고 들어온 사람들은 걸러내야 한다. 즉, 오프라인에서는 그 자리에서 확인이 가능하지만 온라인상에서는 불가능하다. 또 회의 참석자들이 졸지 않고 다른 잡념이나 악의 없이 회의에 열심히 몰입했음을 증명하라는 것이다. 쉽게 말하면, 딴짓 못하고 딴마음 못 먹게 하는 장치라고 이해할 수 있다. 마을회의에 출석해서 열심히 토론도 벌이고 적극적으로 참여한 사람에게 출석확인도장을 찍어주는 것이 블록헤더의 개념이다. 회의에 참석했다는 증명을 하는 좀 귀찮은 통과의례인 작업증명(PoW)이라는 과정을 넣은 사토시의 의도가 여기에 있다.

작업증명은 분산시스템에서의 오류와 무결성을 담보하기 위한 합의 알고리즘인 것이다. 이렇게 단지 10분간의 거래내역(블록바디)뿐 아니라 작업증명서(블록헤더)까지 묶인 블록은 다시 이전 블록과 체인화되어 강력한 신뢰와 보안을 담보할 수 있게 된다. 비트코인은 P2P네트워크, 해시암호화, POW(작업증명) 등의 기술을 다차원적으로 종합하여 만든 프로그램이다. 이것이 "The network timestamps transactions by hashing them into an ongoing chain of hash-based proof-of-work"라고 말한 사토시 나카모토의 생각이었고 블록체인의 원리다.

신뢰기계, 보안기계

사토시 나카모토가 만들려고 의도했던 것은 비트코인이라는 새로운 시스템이었다. 은행과 같은 중간조직을 거치지 않고 개인들끼리 연결되는 P2P 방식의 비트코인 전자화폐시스템을 구축하려다 보니 화폐의 생명이라 할 수 있는 '신뢰(trust) 문제를 어떻게 담보할 수 있을까'가 고민이었고, 해결책으로 고안한 알고리즘을 사람들이 블록체인이라 명명한 것이다.

2015년 『이코노미스트』가 블록체인을 특집 기사로 다루었을 때 표지 헤드라인이 '신뢰기계(Trust Machine)'였다. 블록체인이 중앙화된 은행시스템보다 더 신뢰할 수 있다는 얘기다. 이렇게 블록체인은 P2P 네트워크의 힘으로, 즉 인증과 합의라는 집단지성을 활용하여 신뢰의 문제를 해결했다.

그럼 금융의 또 하나의 문제인 보안은 어떤가? 노드들 컴퓨터에 분산 저장되어 있는 장부를 해킹한다는 것은 사실상 불가능하다.

예를 들어, 나의 잔고를 100억으로 바꿔놓으려면? 10분 내에 모든 노드들의 컴퓨터를 해킹해서 바꿔야 한다. 그런데, 그것만 바꾼다고 될 일이 아니다. 이전의 블록해시와 맞물려 있기 때문에 그 이전의 블록들에 들어 있는 거래내역도 모두 바꿔놓아야 하는 것이다. 그런 식으로 블록 안에서 해시화되어 있는 암호를 풀려면 엄청난 연산력이 필요한데, 현재 지구상에 있는 1위에서 500위의 슈퍼컴퓨터를 모두 가동해도 부족하다고 한다. 또 지금 이 순간에도 계속 노드들이 늘어나고 10분마다 블록이 생성되고 있지 않은가? 분산되어 있는 블록체인이 은행보다 훨씬 안전하다는 얘기다.

〈블록체인을 특집 기사로 다룬 2015년 『이코노미스트』 표지〉
헤드라인이 '신뢰기계(Trust Machine)' 였다.

그런데 정확히 말하자면 블록을 해킹해봐도 털 것이 없다. 블록 안에는 비트코인이 들어 있지 않기 때문이다. 앞서 말한 대로 비트코인은 저 구름 위 네트워크상에 가상의 형태로 존재한다. 해커 입장에서는 경제성이 전혀 없는 일이다.

만일 전쟁이나 천재지변이 일어나서 은행 서버가 날아가 버린다면 어떻게 되겠는가? 끔찍한 일들이 벌어진다. 은행이 중앙에서 모든 거래내역들을 통제하려고 자신들의 서버에 모든 거래내역을 기록 보관해놓는 대신 전 지구상 개인(peer)들이 자신의 컴퓨터에 분산 보관한다면 지구가 멸망하지 않는 한 안전할 것이다.

이것이 10분마다 블록을 공개적으로 생성하고 분산시켜 체인화하는 블록체인 기술이 은행과 중앙기관들이 하던 신뢰성과 안정성을 대체할 수 있게 한 원리다. 사토시 나카모토는 P2P 네트워크의 집단지성, 해시암호화, 작업증명이라는 세 가지 핵심원리인 블록체인 알고리즘으로 비트코인 시스템을 만들어 2009년 1월에 출사표를 던진 것이다.

블록체인은 1%에 대한 99%의 반란이다. "지금까지 1%에게 맡겨놨더니 도대체 이게 뭐냐? 너희는 손 떼. 이제부터는 우리끼리 직접 알아서 하겠다. P2P 방식으로." 10년 전 뿌려진 이 씨앗이 새로운 생태계를 만들어가고 있다. 씨앗을 뜯어본 것도 재미있지만 씨앗이 펼쳐가는 새로운 세상 이야기는 더 흥미진진하다. 본격적인 블록체인 이야기는 이제부터다.

2

블록체인은
새 경제의 씨앗이다

CHAPTER 1
알트코인의 춘추전국시대

CHAPTER 2
블록체인 숲이 형성되다

CHAPTER 3
1%의 각성, 프라이빗 블록체인

코인의 본질은 가격이나 시가총액이 아니라 블록체인이다.
블록체인이 코인경제(coin economy)라는
새로운 패러다임을 만들어가고 있는 중이다.
블록체인은 새 경제의 씨앗이며,
코인은 그 안을 순환하는 피와 같은 것이다.

CHAPTER 1
알트코인의 춘추전국시대

골드러시가 시작되다

비트코인은 오픈 소스 소프트웨어다. 오픈 소스(open source)란 소스의 코드나 설계도를 누구나 특별한 제한 없이 접근해서 열람하고 공짜로 가져다 사용할 수 있도록 공개하는 것을 의미한다. 컴퓨터 운영체제 리눅스(Linux)가 오픈 소스의 대표적인 예다. 누구든 리눅스의 코드를 가져다 자신만의 OS로 변형해서 사용하거나 판매도 할 수 있다. 스마트폰 운영체제인 안드로이드나 iOS의 조상도 리눅스다.

사토시 나카모토는 저작권을 등록하지도 않았으며, 저작권을 관리하는 중앙기관이나 서버도 존재하지 않는다. 아무나 코드를 법적 제약 없이 퍼다 변형해서 얼마든지 돈을 벌어도 상관없다. 비트코인의 가치가 올라가고 사회적 관심을 끌자 유사한 블록체인 기반의 암호화폐들이 쏟아져 나오기 시작했다. 알트코인(Alternative Coin)은 비트코인 이외의 암호화폐를 통칭하는 용어인데, 많은 종류들이 명멸했고, 지금은 약 1,600종의 알트코인들이 비트코인과 함께 암호화폐시장을 키워가고 있다(www.coinmarketcap.com에 가면 모든 종류의 암호화폐와 시가총액을 볼 수 있다).

비트코인에 대한 사회적 관심이 늘어난 것은 실은 시스템으로서의 비트코인보다는 화폐로서의 비트코인(BTC)에 있다. 가격이 계속 오르락내리락하니까 금이나 주식처럼 투자 수단으로 생각하는 사람들도 많다.

그러나 이건 최근 몇 년 사이의 일이고 초기에는 세간의 관심을 끌지 못했다. 재밌는 일화가 있다. 2010년 5월, 그러니까 비트코인이 나온 지 1년 좀 넘었을 때였는데, 미국 플로리다에 사는 한 프로그래머가 야근하다 출출해지자 온라인 게시판에 피자 2판을 배달해주면 비트코인 1만 개를 주겠다는 글을 올렸다. 당시 비트코인은 막 유통되기 시작한, 쉽게 말하면 싸이월드의 '도토리' 같은 가상화폐의 일종으로 인식되던 상황이었는데, 10,000BTC는 41달러였고 라지 피자 2판 가격은 40달러였으니 피자집으로선 밑지는 장사는 아니었던 셈이다. 당시 1BTC가 1센트도 안 됐다는 얘기인데, 지금 가격으로 환산하면 그는 1,000억 원이 넘는 피자를 먹었던 셈이다.

그랬던 것이 2011년 2월에 1달러를 넘었고, 2013년 들어 갑자기 가격이 폭등하기 시작했다. 그해 12월에는 1,000달러를 넘어갔는데, 2014년 초 마운트곡스 거래소의 해킹사건이 발생한다. 약 5,000억 원 상당의 비트코인이 날아가 버리면서 투자가들의 데모가 이어졌고 마운트곡스는 파산했다.

이때부터 세간의 관심이 비트코인에 쏠리기 시작했다. 그게 뭔데 그렇게 가격이 오르나? 비트코인(bitcoin)은 이름에서 암시하듯 디지털의 최소단위인 0과 1의 비트(bit)로 만들어진 돈이라는 뜻인데, 우리 주머니 속에 들어 있는 동전은 아날로그의 최소단위인 원자(atom)로 구성된 물리체이지만 비트코인은 눈에 보이지 않는 가상현실 속의 전자화폐일 뿐이다.

또 비트코인이 최초의 전자화폐도 아니다. 1990년대 인터넷이 확산되면서 화폐의 디지털화는 시작되었었다. 도토리로 아이템도 구매했고 포인트나 마일리지를 현금처럼 사용할 수 있다. 이미 많은 가상화폐, 전자화폐 등이 쏟아져 나왔다. 일종의 화폐개혁이었다. 화폐의 개념과 형태가 변했고, 과거에는 한국은행만 발행할 수 있었던 화폐를 기업이나 개인도 발행할 수 있게 된 것이다. 2009년 첫선을 보인 비트코인도 이런 연장선상에 있다.

그런데 도토리나 포인트나 마일리지는 실체가 있고 가치를 담보해주는 주체가 존재한다. 발행한 기업이 일정한 가격을 보장해주는 것이다. 그러나 비트코인은 채굴방식이지 발행방식이 아니고, 가치를 담보해주는 어떤 중앙기구도 존재하지 않는다. 가격이 제로로 간다 하더라도 가서 따질 대상이 없다.

그럼에도 불구하고 2013년경부터 골드러시가 본격화되었다. 이유가 무엇일까? 기존 1%에 대한 반감과 불신이 증폭되면서 99%의 무브먼트가 시작된 것이다. 그리고 막을 수 없는 거대한 물결로 변해갔다. 누구나 화폐를 발행할 수 있는 시대가 되면서 수많은 알트코인들이 대열에 합류한 것이다.

21세기 외계인의 등장

현재 암호화폐의 양대 산맥은 비트코인과 이더리움이다. 이더리움의 창시자는 21세기 외계인이라는 별명을 가진 비탈릭 부테린(Vitalik Buterin)이다. 부테린은 1994년 러시아에서 태어났는데, 6살 때 부모님의 취업을 위해 캐나다로 이민을 간다. 어린 시절부터 영재로 이름을 날린 모양이다. 영재학교에서도 수학, 프로그래밍, 경제학 등에서 월등한 기량을 보여 일찌감치 세간의 주목을 끌었던 아이였는데, 17살 때 컴퓨터 프로그래머였던 아버지에게 비트코인 이야기를 듣고 완전히 빠져버렸다. 2011년은 비트코인이 아직 세상에 많이 알려지지 않던 때였는데, 서재에 꽂혀 있던 책을 독학해

서 글 한 건 당 5BTC(당시 시세로 3.5달러)를 받고 비트코인 관련 블로
그에 글을 쓰기 시작했고 6개월 뒤에는 비트코인 전문 잡지 공동
창업을 제안 받고 '비트코인 매거진'을 만든다.

〈이더리움의 창시자 비탈릭 부테린〉
2014년 11월, '신기술 분야의 노벨상'이라 불리는 '월드 테크놀로지 어워드'의 IT 소프트웨어 수상자
로 선정됐는데, 당시 주요 경쟁 후보였던 페이스북 창업자 마크 저커버그를 눌렀다고 해서 화제가 되
었다. 2017년에는 포춘이 선정한 40세 이하 가장 영향력 있는 인물 40명 가운데 가장 어린 나이로
공동 10위에 선정되기도 했다.

　　2012년 ICT분야의 세계적 명문대인 캐나다 워털루 대학교 컴퓨
터과학과에 들어갔지만 그만 둔다. 비트코인을 뛰어넘을 수 있는
새로운 암호화폐 프로젝트가 머릿속을 가득 채우고 있던 그에게 대
학은 거추장스러운 존재였던 것 같다. 대학을 중퇴한 후 비탈릭은
2013년 '이더리움 백서'를 발표한다. 백서(white paper)는 사업계획

서인데, 프로젝트의 개요, 기술개발계획과 향후 로드맵, 사업화방안 등이 들어 있는 문서다.

  당시 많은 사람들이 이더리움 프로젝트에 큰 기대감을 보였고, 2014년 스위스에 가서 이더리움 재단을 설립하고 ICO(Initial Coin Offering)를 통해 개발자금 펀딩에 성공한다. 이더리움이 첫 번째 ICO 성공사례였다. 그리고 2015년 7월 이더리움의 제네시스 블록이 생성되고 노드들의 채굴이 시작되었다. 돈 탭스콧은 그의 아들과 함께 쓴 책 『블록체인 혁명』에서 그들이 직접 목격한 이더리움 첫 블록의 탄생 순간을 이렇게 증언하고 있다.

  "2015년 7월 30일은 이더리움이 차세대의 화두가 될 것이라 생각하는 전 세계 암호학자, 투자자, 기업인, 기업전략가들에게 특별한 날로 기억될 것이다. 비즈니스의 차원이 아니라 인류 문명의 차원에서다. 이날, 18개월간 개발 중이던 이더리움이라는 블록체인 플랫폼이 처음으로 가동을 시작했다.
  오전 11시 45분경, 이더리움 네트워크가 제네시스 블록을 만들면서 현장에 있던 모든 사람이 하이파이브를 나눴다. 이후 채굴자들은 이더리움의 화폐로 통용되는 이더의 첫 블록을 따내기 위해 광란의 경쟁에 돌입했다. 이날은 으스스할 정도의 서스펜스가 지배했다." (『블록체인 혁명』, 169~170쪽)

현장의 분위기가 느껴지는가? 탭스콧 부자와 주위사람들은 왜 그렇게 흥분했을까? 이더리움의 스마트계약(smart contract) 기능 때문이다. 이더리움은 거래 기록뿐 아니라 스마트계약 기능을 통해 계약서, SNS, 이메일, 전자투표 등 다양한 어플리케이션을 투명하게 운영할 수 있는 확장성을 제공한다. 즉, 이더리움 플랫폼 위에서 분산형 어플리케이션, 즉 Decentralized App을 만들 수 있는 것이다. 실제로 이더리움 이후 많은 디앱들이 개발되었고, 거대한 블록체인 생태계를 형성하는데 일등공신은 이더리움이다.

이더리움은 프로그래밍이 가능한 블록체인(programmable blockchain)이다. 블록 안에 금융거래내역뿐 아니라 계약서 등 추가정보까지 코딩해서 집어넣을 수 있는 이더리움은 비트코인보다 한 단계 진화한 블록체인2.0이다.

이더리움의 스마트계약 기능

스마트계약이란 계약서를 프로그래밍해놓고 계약 조건이 충족되면 제3자(third party)의 개입 없이도 자동으로 계약이 이행되는 규약을 의미한다. 계약당사자 외 중개인이나 법무인, 기관 등이 개입하지 않아도 되고 순차적/단속적인 계약 프로세스도 동시간적/자동적으로 변하게 된다. If - Then의 코딩구조다.

그런데 이게 왜 그리 대단한가? 스마트계약은 비탈릭 부테린이

처음 고안한 아이디어가 아니라 1994년 닉 사보(Nick Szabo)가 최초 제안했지만 기술적 장벽으로 구현하기 어려웠던 기술이다. 계약서를 디지털화하는 것이 어려운 것이 아니라 계약내용을 스마트하게 실행할 수 있는 인프라 구축이 어렵기 때문이다.

스마트계약이 일반화되면 우리 생활이 어떻게 변할까? 부동산거래를 예로 들어보자. 일단 매도자와 매수자는 신분을 증명할 수 있는 신분증과 관련서류들을 준비해야 했다. 등기부등본과 주민등록등초본, 인감증명 등 신원과 소유권을 증명할 수 있는 서류를 관공서에서 떼어 와야 한다. 그러나 앞으로는 그럴 일이 없어진다. 블록체인 기반의 개인 디지털 ID만 있으면 신원이 증명되고 소유권도 확인 증명되기 때문이다.

매도자와 매수자가 스마트계약을 체결한다. 꼭 만날 필요도 없다. 그리고 매수자가 매도자에게 잔금을 치르고 쌍방이 전자서명을 하는 순간 동시에 등기가 이전된다. 과거처럼 등기소에 가서 등기 이전하고 취·등록세를 납부하는 번거로움도 없어지는 것이다. 이사도 일사천리로 이루어질 수 있다. 이삿짐이 문 앞에 도착하면 디지털 도어락의 설정이 변경된다. 이사 후 가장 귀찮은 일은 일일이 주소지를 변경하는 일이다. 자동차등록증도 바꿔야 하고 전입신고와 각종 청구기관, 그리고 은행이나 카드사 등에 주소 변경하는 일이다. 그것도 관련기관에 자동으로 통보되어 즉시 변경될 수 있다.

벌써부터 신나지 않는가?

스마트계약이 적용될 수 있는 분야는 거의 모든 영역이다. 상품 수출은 어떤가? 상품을 출고해서 외국의 수입자에게 인도되기까지 중간에 약 30개 기관을 거치고 최대 200개의 종이서류가 넘어가야 한다. 이 과정이 스마트계약에 의해 이루어진다면 빠르고 정확하고 모든 과정이 투명하게 공유된다.

보험료 지급도 프로세스가 단순해진다. 실손보험의 예를 들어보면 병원비 진료영수증을 받아 팩스나 메일로 보험회사에 보내면 심사를 한 후 은행에 통보해서 청구인의 통장에 입금된다. 순차적이고 단속적이다. 그러나 스마트계약은 이 모든 과정을 동시간에 자동으로 끝낼 수 있다. 병원에서 의사가 진단하는 순간 환자의 통장에 입금해주면 된다. 보험회사 입장에서는 접수/심사/지급에 소요되는 시간과 비용을 줄일 수 있어 윈윈할 수 있는 것이다.

이런 것들은 빙산의 일각이다. 스마트계약은 블록체인 기술의 적용가능 분야를 무한히 확장할 수 있는 획기적 진화다. 블록체인은 우리 생활 모든 분야를 바꿔놓을 것이다. 서류 떼러 여기저기 돌아다닐 필요도 없고 시간 들여가며 공증 받을 일도 없어진다. 또 인공지능을 통해 운영주체 개입을 최소화하고 블록체인의 알고리즘이 자체적으로 의사결정하여 영업, 회계, 구매, 판매 및 수익분배를 할 수 있다. 또 블록체인을 사물인터넷(IoT)에 적용하면 기계 간 금융

74

거래도 가능해진다. 고속도로 통행료나 주차비가 기계끼리 정산되며, 전기를 사고파는 것도 사람의 개입 없이 자동으로 이루어진다.

이더리움은 블록체인의 진화에 결정적 영향을 끼쳤다. 이더리움을 블록체인2.0이라 부르는 이유도 여기에 있다. 비트코인은 단지 금융을 대체하면서 디지털화폐의 기능만 할 수 있는 반면 이더리움은 화폐기능에 계약기능까지 플러스하면서 블록체인 씨앗이 발아해서 숲을 이룰 수 있는 환경을 조성해준 공로자다.

	비트코인	이더리움
개발자	사토시 나카모토	비탈릭 부테린
제니시스 블록 생성	2009년 1월 9일	2015년 7월 30일
합의 알고리즘	작업증명(Proof of Work)	작업증명 (지분증명방식으로 전환 준비중)
용도	디지털 화폐	디지털 화폐 + 스마트계약
화폐단위	비트코인(BTC)	이더(ETH)
해시 알고리즘	SHA-256	Ehash
블록생성주기	10분	12-15초

〈비트코인과 이더리움 비교〉
이더리움은 화폐기능뿐 아니라 스마트계약이 가능한 획기적 진화를 이루어내 블록체인2.0이라 불리기도 한다.

조금 다른 블록체인, 리플

비트코인과 이더리움이 양대 산맥을 이루어왔지만 시간이 지남에 따라 문제점도 노출되기 시작했다. 사용자가 늘어나면서 전송속도와 1초당 처리량에 부하가 걸리게 된 것이다. 어떤 경우에는 커피 한잔을 비트코인으로 결제하려면 10~20분을 기다려야 할 수도 있다. 비트코인 초기에는 문제가 없었지만 사용자가 늘어나면서 1MB의 블록에 10분 동안 발생하는 모든 거래를 담기 어려워져 대기자들이 늘어서 있기 때문이다. 또 원래 사토시의 생각은 송금이나 결제수수료를 없애자는 것이었지만 노드들의 채굴 경쟁이 치열해지면서 수수료가 커피값보다 커지는 경우도 발생한다.

이더리움도 비트코인보다 빠르다고는 하나 기존 금융권이 요구하는 속도를 맞추기에는 역부족이다. 은행을 제치자는 취지로 시작되었지만 아직은 기존 금융시스템의 속도와 처리량을 따라가지는 못하는 것이다.

리플(Ripple)은 아예 처음부터 금융권을 겨냥해서 은행을 위한 송금서비스에 특화된 암호화폐다. 리플의 전신은 2004년 나온 리플페이(RipplePay)인데, 제2의 페이팔이라 불렸던 결제시스템이었다. 이것을 제드 맥캘럽(Jed McCaleb)이 블록체인 기반으로 바꾼 것이 리플이다.

제드 맥캘럽은 2001년 eDonkey라는 P2P 파일공유회사를 창업하면서 유명세를 탔었는데, P2P에 일찍 눈 떠서일까? 비트코인을 접하면서 암호화폐의 미래를 직감하고 세계최초의 암호화폐 거래소인 마운트곡스(Mt.GOX)도 만든 인물이다(그러나 얼마 지나지 않아 마운트곡스를 매각해서 2014년 일어난 마운트곡스 해킹사건과는 관련이 없다).

〈리플과 스텔라루멘〉
제드 맥캘럽이 개발한 리플과 스텔라루멘. 스텔라는 금융권에 한정되어 있는 리플의 확장성(scalability)을 높인 코인이다.

어쨌든 그는 2013년 리플(XRP)을 발행한다. 리플은 전송속도가 약 2~3초, 1초당 처리량도 약 1,500건 이상이어서 금융권에서 활용하기 적합하다. 현재 100~200개 글로벌은행들이 실시간으로 자금을 송금하는 프로토콜로 리플을 사용하고 있는데, 은행 입장에서는 SWIFT를 거치는 것에 비해 시간과 수수료를 절감할 수 있을 뿐 아니라 보안 측면에서도 우수하기 때문이다. 은행들이 리플을 구매해서 수수료로 소진(burning)하는 방식이다.

그런데, 리플은 비트코인이나 이더리움 등과는 차이점이 많다. 비트코인과 이더리움은 채굴방식인데 비해 리플은 발행방식을 취한다. 또 리플에는 중앙기관이 존재한다. 리플랩스(Ripple Laps)가 그것인데, 리플랩스가 리플의 발행을 주관하고 조정하는 것이다. 분산원장기술만 활용할 뿐 엄밀히 말하자면, 원래의 블록체인 정신과는 좀 다른 프라이빗 블록체인이라 할 수 있다.

이와 같은 한계를 보완하기 위해 제드 맥캘럽이 리플을 개량한 것이 스텔라(Stella)다. 리플은 영리적 성격이 강한 반면 스텔라는 비영리단체이고, 퍼블릭 블록체인의 성격이라 할 수 있다. 즉, 리플의 속도와 처리량의 강점을 유지하면서도 금융권에 특화된 서비스라는 한계를 넘어서는 스텔라 루멘(XLM)은 IBM이나 딜로이트 등 비금융권 회사들과도 제휴를 맺고 있다.

하드포크가 일어나다

현재 암호화폐의 빅3는 비트코인, 이더리움, 리플이다. 그러나 블록체인은 아직 실생활에 적용하기에는 넘어야 할 산이 많다. 비유하자면, 사토시 나카모토는 라이트형제다. 라이트형제는 하늘을 날겠다는 꿈을 갖고 최초의 비행기를 만들었지만 지금 우리는 보잉이나 에어버스를 타지 라이트형제 비행기에 몸을 맡기는 사람은 없다. 컴퓨터 운영체제나 인터넷 브라우저도 마찬가지였다. 초기 소프트웨어가 지금 우리가 쓰는 수준으로 발전하기까지 수많은 진화의 역사가 숨어 있지 않은가?

블록체인 기술에도 진화가 일어나고 있다. 1,600종의 알트코인들이 노리는 것이 이것이다. 진화는 크게 두 방향으로 분류해볼 수 있는데, 하나는 포크(fork)고 또 하나의 방향축은 변형(transform)이다.

먼저 포크는 생긴 형상처럼 분기(分岐)하는 것을 의미한다. 컴퓨터용어인 하드포크(hard fork)는 프로토콜이 어느 한 시점에서 급격하게 변경되는 것이다. 비유하자면, 장부를 기록해 오다가 갑자기 기록방식을 바꾸면 그때부터는 이전 장부와 다른 길을 걷게 된다. 포크로 콕 찍어 다른 곳으로 옮기는 것이다.

최초의 하드포크는 이더리움에서 일어났다. 2016년 이더리움이 해커들에게 공격당하는 일이 발생했다. 블록체인은 해킹이 불가능한데 어떻게 해킹한 것인가? 이더리움 자체가 해킹당한 것이 아니라 이더리움 기반으로 ICO를 했던 다오(The DAO)가 환불을 해주는 과정에서 코딩의 논리 결함을 해커들이 찾아내 무한환불을 받은 사건이 발생한 것이었다.

어쨌든 이더리움 블록에는 되돌릴 수 없는 잘못된 거래기록이 남게 되었고, 이 문제를 어떻게 해결해야 할까 갑론을박이 이어졌다. 비탈릭 부테린이 이끄는 이더리움 재단은 하드포크를 결정했다. 잘못된 블록을 계속 끌고 갈 수는 없으니 오류를 바로잡고 2016년 7월 20일을 기해 새로운 길을 걷기로 한 것이다. 그러나 인위적인 하드포크에 반대 입장을 표명했던 노드들과 이용자들은 따라가지 않고 잔류해서 기존 블록을 이어 계속 생성해 갔는데 그것이 이더리움 클래식(Ethereum Classic)이다.

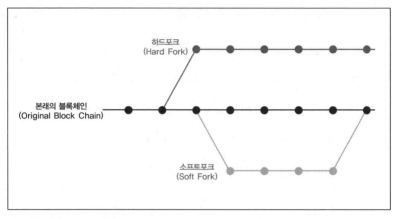

〈하드포크(hard fork)〉

하드포크란 프로토콜이 어느 한 시점에서 급격하게 변경되는 것을 의미한다. 하드포크가 일어나면 그 때부터는 이전 장부와 다른 길을 걷게 된다.

비트코인에서는 셀 수 없을 만큼 많은 하드포크가 일어났다. 라이트형제가 만든 비행기를 그대로 탈 수는 없으니 개량하겠다는 생각 때문이다. 2017년 하드포크 되어 나온 비트코인 캐시(Bitcoin Cash)가 대표적인 사례다. 비트코인의 블록사이즈는 1M다. 사토시가 처음 고안할 때만 해도 충분한 용량이었지만 이용자가 많아지고 거래량이 급격하게 늘면서 1M로는 감당할 수 없게 된 것이다. 앞서 말했듯이 커피 한잔 결제하는데 10~20분 이상 걸리고 수수료가 커피값보다 커지는 사태가 발생하다보니 여러 개량대안들이 쏟아져 나왔다. 그러나 사람마다 의견이 다를 수밖에 없는 법이다.

중국 비트메인의 우지한 회장은 블록사이즈를 8M로 늘리자고 주장했고, 그 결과물이 비트코인 캐시다. 또 홍콩의 잭 리아오 대표는 비트코인 골드(Bitcoin Gold)로 하드포크했는데, 작업증명(PoW)방식을 개선하는 것이었다. 늘어나는 노드들이 합의하는데 너무 시간과 많은 자원을 잡아먹는 단점을 보완한 것이다. 또 세그윗(Segragated Witness)도 대안으로 나왔다. 디지털서명이 차지하는 용량이 크니 분리하면 블록사이즈의 한계를 보완할 수 있지 않겠는가는 것이다.

사토시는 민주적이고 공정한 경제공동체를 만들어보면 좋겠다는 순수한 꿈을 갖고 비트코인을 시작했지만 비트코인은 블록체인의 원형(prototype)일 뿐 현실에 적용하려면 많은 개선과 업그레이드가 필요하다.

작업증명 vs 지분증명

진화의 또 하나의 축은 변형이다. 비트코인과 이더리움을 계승해서 더 개선된 블록체인 시스템을 만들려는 고수들의 노력은 이어지고 있다. 블록체인계의 보잉이나 에어버스를 만들어보자는 것이 목표다. 댄 라리머(Daniel Larimer)도 그 중 한 명이다.

"모두를 위한 삶과 자유, 그리고 재산을 확보하기 위한 자유시장의 해결책을 찾아야 한다"고 주장하는 그는 일찌감치 비트코인의 매력에 빠졌던 인물이다. 그는 속도와 초당 처리량, 그리고 수수료

81

(가스)가 과다해진 이더리움 킬러를 자처하며 이오스(EOS)를 개발했다. 이오스는 초당 수십만 건을 처리하면서도 수수료가 매우 적다. 합의 알고리즘을 작업증명(PoW) 방식이 아니라 DPoS(Delegated Proof-of-Stake) 방식으로 바꿨기 때문이다.

여기서 잠깐 작업증명과 지분증명의 차이점을 설명하고 가야겠다. 비트코인과 이더리움은 모두 작업증명(Proo-of-Work)을 합의 알고리즘으로 채택하고 있다. 불특정다수가 참여하는 분산네트워크에서는 가장 유용한 해결책이기 때문이다. 초기엔 별 문제가 없었는데 그러나 이용자가 늘어나고 거래량이 폭주하면서 합의에 걸리는 시간과 자원 소모, 그리고 수수료 문제가 불거질 수밖에 없게 되었다. 그래서 나온 대안이 지분증명(Proof-of- Stake) 방식이다. 지분증명이란 지분을 많이 보유하고 있는 노드의 채굴 성공확률을 높여주는 것이다. 다른 말로 하면, 컴퓨팅 자원 소모가 아닌 자신이 가진 지분을 통해 블록을 생성하는 방식이다.

주식회사에서 지분율이 높은 주주가 더 많은 권한을 갖듯이 더 많은 코인을 가지고 있을수록 우선적으로 더 많은 블록을 생성할 수 있는 확률이 높아지는데, 이는 대량 통화를 소유하고 있는 노드는 자신의 가치를 지키기 위해 시스템 신뢰성을 손상시키지 않을 것이라는 전제가 깔려 있는 것이다. 공평성이라는 블록체인 기본정신에는 위배되지만 PoW의 문제점을 해결할 수 있다. 이더리움은

PoS로의 이행을 준비하고 있는 중이다.

그런데 이오스는 지분증명에서 한술 더 떠 지분을 위임하는 방식을 택한다. 그것이 DPoS다. 일종의 대의민주주의 방식인데, 모든 노드들이 합의하는 것이 아니라 권한을 위임받은 노드들이 합의하는 방식이다보니 속도가 빠를 수밖에 없고 초당 처리량도 획기적으로 늘릴 수 있는 장점이 있다. 이처럼 권한을 위임받은 21개의 BP(Block Producer)들이 블록을 생성하고 시스템을 운영해가는 구조다. 또 이들은 노드들 간 의견충돌로 인해 하드포크가 일어나지 않고 자율적으로 의사결정에 이르게 하는 역할을 수행한다. 스마트계약을 넘어 스마트 거버넌스로의 진화가 블록체인3.0의 특징이라 할 수 있다.

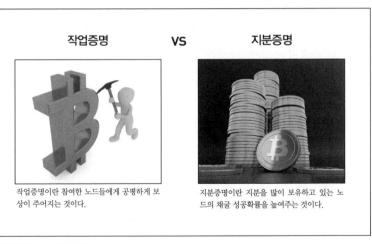

작업증명	VS	지분증명
작업증명이란 참여한 노드들에게 공평하게 보상이 주어지는 것이다.		지분증명이란 지분을 많이 보유하고 있는 노드의 채굴 성공확률을 높여주는 것이다.

〈작업증명 vs 지분증명〉
합의에 시간이 오래 걸리고 자원 소모가 큰 작업증명방식 대신 지분증명방식을 채택하려는 코인들이 많다. 이외에도 다양한 합의 알고리즘이 개발되고 있다.

변형과 돌연변이가 일어나다

1,600종에 달하는 코인들이 추구하는 것은 블록체인의 완성이다. 방향성은 몇 가지로 나눌 수 있는데, 속도와 처리량의 개선, 그리고 스마트계약 기능뿐 아니라 자율적 의사결정장치(smart governance)를 추가해 3세대 블록체인을 노리는 플랫폼코인(이오스, 에이다, 중국판 이더리움이라 불리는 네오와 퀀텀, NEM 등)이 커다란 축이고, 확장성을 높이는 방향(스텔라 등), 보안과 익명성을 강화하는 방향(대시, 모네로, Z캐시 등), 그리고 아예 용도를 특화하는 코인(스팀잇, 비트쉐어, IOTA 등)도 다수 등장하고 있다. 과히 암호화폐의 춘추전국시대라 할 만하다.

재미있는 것은 진화과정에서 돌연변이도 생긴다는 점이다. IOTA가 그런 것이다. 4명의 블록체인 전문가들이 2015년 베를린에 세운 아이오타 재단은 비영리단체다. 아이오타는 애초 개발 목적이 금융보다는 실생활 활용, 특히 IoT에 초점이 맞춰진 코인이다. IoT 분야에서 사용되려면 M2M(Machine-to-Machine) 거래에 최적화되어야 하는데, 그러기 위해 블록체인 대신 탱글(tangle)이라는 별도의 알고리즘도 개발했다. 사용자가 많아지면 많아질수록 속도가 향상되는 특징을 가지고 있는데 엄밀히 말하면 블록체인이라 할 수 없지만 블록체인이 돌연변이를 일으킨 것이라 할 수 있다.

라이트형제의 초기 비행기는 이렇게 수많은 변형모델과 돌연변이가 일어나면서 진화를 거듭해가고 있다. 여기에서 눈을 떼어서는 안 된다. 어느 날 갑자기 다른 차원의 세상으로 바뀌는 것이 변화의 속성이기 때문이다.

투기를 노리지 말고 가용 범위 내에서 코인에 투자하는 것은 변화를 놓치지 않는 현실적인 방법이 될 수 있다. 주식투자를 해봐야 주식의 원리와 작동방식을 이해하고 경제동향에 관심을 갖게 되듯이 코인투자 역시 관심 유지와 블록체인 학습에 도움이 된다.

그러나 코인에 눈을 빼앗겨 그 심층에 깔려 있는 블록체인을 놓쳐서는 안 된다. 코인의 본질은 가격이나 시가총액이 아니라 블록체인이다. 블록체인이 코인경제(coin economy)라는 새로운 패러다임을 만들어가고 있는 중이다. 블록체인은 새 경제의 씨앗이며, 코인은 그 안을 순환하는 피와 같은 것이다.

〈아이오타 코인〉
블록체인계의 돌연변이라 할 수 있는 아이오타는 IoT를 겨냥한 코인이다. 블록과 체인이 없는 탱글(tangle)이라는 별도의 알고리즘을 개발 사용한다.

CHAPTER 2
블록체인 숲이 형성되다

벤처3세대 펀딩 모델, ICO

ICO는 블록체인 생태계의 활성화를 촉진하는 자금조달방식으로 자리 잡아가고 있다. ICO는 'Initial Coin Offering'의 축약어인데, 번역하자면 최초코인공개라 할 수 있다. 즉, 코인을 일반대중에게 공개해서 판매하는 것을 의미한다.

ICO라는 용어는 IPO에서 살짝 변형된 것인데, 최초주식공개를 뜻하는 IPO(Initial Public Offering)와는 개념이나 절차가 좀 다르다. IPO는 흔히 상장(上場)과 동의어로 쓰인다. 즉, 스타트업이 초기에는 엔젤투자자들의 도움을 받아 사업을 시작하다가 VC(Venture Capital)로부터 펀딩을 받아 점프업하고 어느 정도 매출과 이익이 성장해서 일정 요건을 갖추면 주식시장에 올려 내부자와 주변관련업체에게만 판매하던 주식을 대중에게도 공개하는 것을 IPO라 한다. 전형적인 벤처들의 출구(exit)전략 패턴이다.

그런데 ICO는 출구전략이 아니라 사업 초기단계에서 이루어지는 크라우드 펀딩(crowd funding) 기법이다. 크라우드 펀딩이란 대중으로부터 소액을 투자받는 것인데, ICO가 IPO와 다른 점은 첫째, ICO는 서비스가 개발되기 전에 진행된다. 즉, IPO는 사업이 일정 궤도에 오른 후에야 가능하지만 ICO는 아무것도 없는 제로상태에서 투자가 일어나는 것이다.

IPO	ICO
주관사 有	주관사 無
after development	before development

〈IPO와 ICO의 차이점〉
ICO를 TGE(Token Generation Event)라 부르기도 한다.

최초의 ICO 성공사례는 이더리움이었다고 할 수 있다. 비탈릭 부테린은 2013년 스위스에 이더리움 재단을 설립하고 백서(white paper)를 발표했다. 그리고는 2014년 초 ICO에 성공했고 1년 6개월 후인 2015년 7월 이더리움의 제네시스 블록 생성이 시작되었다. 사람들은 이더리움의 실체를 보지도 못한 상태에서 말만 믿고 이더(ETH)를 구입한 셈이다. 현대판 봉이 김선달이라 할 수 있을까? 이렇게 ICO는 사업개발 전(before development)에 이루어진다.

둘째, ICO에는 주관사가 없다. IPO를 하려면 증권회사 등 주관사가 있어야 한다. 또 상장요건이 매우 까다롭고 공시도 소홀히 해서는 안 된다. 개미투자가들을 보호하기 위해서다. 그러나 ICO는 주관사도 없고 자격요건도 까다롭지 않다. 누구나 코인을 발행할 수 있고 ICO를 할 수 있는 것이다. 크라우드 펀딩 플랫폼을 거치지 않고 입금도 P2P로 직접 받는다.

사실 크라우드 펀딩의 취지는 자본이 부족한 스타트업을 활성화하기 위한 것이다. 벤처 1세대 모델은 엔젤투자가들의 도움을 받아 창업하고 다음 단계로 벤처캐피털의 투자를 받아 성장시킨 후 상장(IPO)하는 것이었다. 그러나 점점 VC의 투자를 받는 것은 하늘의 별따기로 변해갔다. 출구전략이 마땅치 않은 상태에서는 VC들이 투자를 꺼리기 때문이다. 한국의 경우에는 VC 자금의 속성상 2~3년만에 IPO할 만한 벤처에만 집중투자한다. 창업자 입장에서는 최소 100개의 VC를 만나 프레젠테이션하는 것은 기본이고 그래도 될까 말까 하는 정도다. 일보다는 투자받으러 돌아다니느라 힘을 소진하는 사례가 비일비재했다.

크라우드 펀딩은 2세대 모델이라 할 수 있다. 개미들이 조금씩 십시일반으로 창업자금을 모아주자는 취지다. 미국의 킥스타터와 인디고고 등이 선두주자였고, 초기에는 콘텐츠/서비스 비즈니스 업종에서만 소액으로 이루어지더니 점차 제조업종까지 확산되어갔다. 퀼키(Quirky)에는 상품에 대한 아이디어 제안들이 넘쳐났고, 채택되면 크라우드 펀딩부터 생산, 유통, 영업까지 퀼키가 담당해 주었었다(아쉽게도 퀼키는 문을 닫았다). 또 카카오가 운영하는 '스토리펀딩'도 크라우드 펀딩 플랫폼이다.

ICO는 이 연장선상에 있다. 서비스 개발 전에 코인을 먼저 발행하고 코인을 판매한 자금으로 개발하는 것이다. 기존 크라우드 펀딩 플랫폼을 활용할 경우 중개수수료가 발생하지만 ICO는 P2P방식이기 때문에 비용이 들지 않는다. 그리고 초기투자자들에게 주어지는 보상은 코인 가격의 상승이다.

건강한 블록체인 생태계 조성을 위한 제언

이렇게 ICO는 갑자기 쌩뚱맞게 나온 것이 아니다. ICO를 블록체인 비즈니스로만 연결지어 생각하는 것은 좁은 시각이다. 코인이라는 단어가 들어가니까 그런 오해를 받는 것이지 IPO와 크라우드 펀딩 방식이 융합된 벤처 3세대 펀딩 모델이라 할 수 있다.

이더리움의 ICO 실험 이후 많은 성공사례가 나오면서 ICO에 점점 많은 자금이 몰려들었고, 2017년을 기해 ICO를 통한 자금조달이 VC를 통한 조달 규모를 넘어섰다. ICO 붐이 일어나자 블록체인 기반의 스타트업들은 너도나도 ICO하겠다고 나서고 있는 실정이다.

20년 전에도 비슷한 상황이 벌어졌었다. 2000년대 초에 불었던 닷컴 열풍이었다. 회사명에 닷컴만 붙어도 묻지 마 투자가 몰렸지만 거품은 오래 가지 못했다. 본질에 대한 통찰 없이 무늬만 바꾼다고 정체성이 달라지는 것이 아니다.

ICO도 마찬가지다. 눈에 보이는 실체 없이도 자금을 조달할 수 있으니 돈의 유혹을 쉽게 뿌리치지 못하는 것이다. 실제 ICO한다는 업체들의 백서를 보면 블록체인의 본질과는 전혀 상관없는 경우도 비일비재하다. 또 내용이나 사업계획보다는 화려한 이력을 가진 팀 멤버 및 어드바이저의 프로필만 치장하는 경우가 있는가 하면, 아예 백서도 없이 ICO에 나서려는 사람들도 있다. 백서(white paper)는 비즈니스의 백본이다.

20년 전의 상황이 재연되어서는 절대로 안 된다. 닷컴 거품이 꺼지면서 한국은 벤처들의 무덤으로 변했었다. 투자는 끊겼고 사회적 시선도 곱지 않았기 때문이다. 다시 찾아온 기회를 일부 장사꾼들의 욕심 때문에 날려버린다면 우리나라는 회복하기 어려운 국면에 빠질 것이다. 블록체인은 사업 이전에 99%들의 새로운 세상을 만들자는 무브먼트다. 또 코인경제학은 기존 자본주의 경제학을 대체하는 사상이다. 건강한 생태계를 조성하겠다는 철학과 소명의식 없이 돈만 쫓는 소인배들 때문에 일을 그르칠 수는 없는 것이다. 기업가는 사회를 먼저 생각하는 사람이다.

그렇기 때문에 백서를 발표하고 ICO를 하려면 반드시 몇 단계의 과정을 정확하게 밟아야 한다. 먼저 코인 발행과 판매를 위한 스마트계약(smart contract)을 체결하는 단계다. 다음에는 코인이 실제적인 가치를 지니지 않는 테스트 네트워크를 통해 테스트해보고 버그를 해결하는 테스트넷(test net) 단계를 거쳐야 한다. 그리고 건너뛰지 말아야 할 중요한 단계는 감사(audit) 단계다. 스마트계약 감사 전문 업체의 서비스를 받아서 해커들의 타깃이 될 수 있는 취약점을 사전에 해결해야 하는 것이다. 이와 같이 충분한 검증을 거친 후 코인 발행 및 토큰 판매를 위한 스마트 계약을 메인넷(main net)에 배포하여 대중에게 공개하는 것이 정상적인 ICO의 프로세스다.

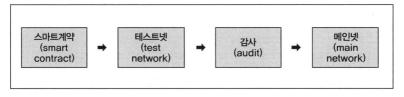

〈정상적인 ICO 준비단계〉
백서를 발표하고 ICO를 하기 전에 반드시 몇 단계의 검증을 거쳐야 한다.

또 ICO 이후의 관리도 중요하다. 투자자들이 가장 우려하는 것은 스캠(scam, 이메일 정보를 해킹한 후 거래대금을 가로채는 범죄 수법)이다. 또 계획대로 개발되고 있는지도 궁금하고 자금이 제대로 쓰여지고 있는지도 알고 싶을 것이다. 홈페이지를 통해 자금의 사용처와 개발 공정을 공개하는 것은 좋은 방법이 될 수 있다. 또 뉴스를 지속적으로 생산하고 이를 발표함으로써 투자자들의 기대감을 증폭시키고 정기적인 밋업과 이벤트를 통해 투자자들과 소통하는 것은 궁극적으로 코인 가격 상승에 도움이 된다.

충분한 준비와 로드맵 없이 ICO에 나설 경우 법적 소송에 시달릴 여지가 있고, 비즈니스 개발에 차질을 빚을 수도 있다. 또 ICO가 반드시 좋은 방법만은 아니라는 점을 명심해야 한다. 많은 역작용이 발생할 수 있기 때문이다.

요즘은 리버스(reverse) ICO라는 용어도 등장했다. 미리 사업모델을 만들어놓은 상태에서 코인을 발행하는 개념이다. 메신저 서비스 텔레그램이나 일본의 라쿠텐(樂天)이 그런 사례다. 라쿠텐은 온라인쇼핑몰로 시작된 기업인데, 여행과 신용카드 사업도 벌이고 있다. 기존의 포인트를 코인으로 전환해서 블록체인 기반 사업을 벌이겠다는 구상이다. 향후 대기업들의 ICO 러시를 예상해볼 수 있는 대목이다.

모든 것은 양면성을 가지고 있다. ICO 역시 약이 될 수도 독이될 수도 있는 것이다. 무분별한 ICO는 건강한 블록체인 생태계 조성에 해악이 될 수 있다. ICO를 계획하기 전에 코인경제학(coin economy)에 대한 이해가 선행되어야 한다.

코인경제는 산업시대 자본주의 경제논리와는 다르다. 모든 사람들이 함께 벌어 함께 쓰자는 것이 코인경제의 핵심이다. 지금까지는 1%가 큰돈을 벌어 세금내고 기부하면 99%가 간접적으로 혜택을 받는 구조였다. 그러나 블록체인 생태계는 그런 곳이 아니다. 공유와 개방과 협업을 통해 새로운 경제시스템을 만들어가자는 것이다. 이 시스템을 순환하는 피가 코인인 것이다. 블록체인 비즈니스도 이런 원리에 따라 설계되어야 한다. 원리에 부합된 사업은 힘쓰지 않아도 저절로 잘 되는 법이다.

디앱의 출현

ICO라는 새로운 펀딩 기법은 스타트업들에게 좋은 기회를 제공하고 있다. ICO의 포문을 열었다는 점에서 이더리움의 공로가 크다. 이더리움의 또 하나의 공은 스마트계약을 가능하게 함으로써 분산형 어플리케이션(Decentralized App)의 출현을 촉진했다는 점이다.

이는 마치 2008년 스마트폰이 나왔을 때 무수한 어플들이 만들어진 것에 비견할 수 있다. 아이폰의 운영체제인 iOS를 기반으로 하는 어플들이 쏟아지면서 앱 스토어가 활성화되었고, 오랫동안 열리지 않던 스마트폰 시장이 터진 것도 어플이 많아졌기 때문이었다. 이전에는 스마트폰을 가지고 있어도 할 수 있는 것이 별로 없었다. 비싼 스마트폰 가지고 다녀봐야 메일 보내고 인터넷 접속하는 정도라면 그냥 피처폰 쓰지 누가 바꾸려 했겠는가? 무료 어플들이 쏟아지면서 스마트폰이 사람들의 라이프스타일도 바꿀 수 있었던 것이다. 스마트폰 시장이 열리면서 안드로이드 진영도 합류했고 구글플레이 스토어에도 어플 러시가 일어났다.

이더리움은 블록체인계의 iOS나 안드로이드라 할 수 있다. 블록체인의 운영체제(OS) 역할을 하는 이더리움은 가상머신(EVM: Ethereum Virtual Machine)을 제공하는데, 여기에서 블록체인 기반의 디앱(DApp)을 만들려는 업체들의 협업이 이루어진다. 디앱이라 불리는 것은 중앙서버에서 작동되는 것이 아니라 분산화되어 있기 때문이다. 즉, 하나의 컴퓨터 대신 컴퓨터들의 P2P 네트워크상에서 구동되는 것이다. UI/UX 등 앞단(front-end)은 지금 우리가 쓰고 있는 앱들과 크게 다르지 않지만 백엔드가 다르다. 또 디앱은 오픈 소스로서 API나 SDK를 제공하고 데이터와 기록들은 암호화되어 저장되는 특징을 가지며, 대개 암호화된 토큰(token)을 발행한다.

디앱을 만들려는 스타트업들이 급속히 늘어나고 있다. 디앱은 토큰을 발행하기 때문에 ICO가 가능하고, 기존의 앱과는 달리 애플이나 구글의 심사나 지원을 받지 않는다. 진입장벽이 낮은 편이다.

www.stateofthedapps.com에 접속하면 이더리움 기반 디앱들의 현황을 볼 수 있다. 업종도 매우 다양하다. 어떤 것을 디앱으로 만들 수 있는가? 당신의 스마트폰에 깔려 있는 앱은 모두 디앱으로 대체될 수 있다. 예를 들어, 메신저, 게임, SNS, 블로그, 금융, 교육, 엔터테인먼트, 클라우드 등등 현재 실생활에서 활용하는 많은 앱들을 블록체인 기반 디앱으로 바꿀 수 있다. 블록체인 구글, 블록체인 카톡, 블록체인 네이버, 블록체인 아프리카TV 등을 꿈꾸는 스타트업들이 새로운 생태계를 준비 중이다.

스타트업뿐 아니다. 이더리움 기업동맹(EEA: Enterprise Ethereum Alliance)에 참여하는 대기업들도 늘어나고 있다. 스마트계약과 프로그래밍을 가능하게 하는 이더리움은 단순한 분산원장이 아니라 거대한 제국과 같은 플랫폼을 형성해가고 있는 것이다.

이오스, 에이다, 퀀텀, 네오 등도 이더리움 기반으로 만들어진 코인이다. 즉, 이더리움이라는 나무줄기에서 가지가 뻗은 것인데, 이들 역시 디앱 제작의 플랫폼을 제공한다. 예를 들어, 지적재산권 디앱인 잉크(INK), 재생에너지 거래앱 에너고(ENERGO), 개인의료정보 서비스 디앱 메디블록(MediBloc) 등은 퀀텀을 기반으로 하고 있다.

처음에는 디앱 개발과 토큰 발행이 주로 이더리움 기반으로 시작되었지만 3세대 블록체인으로 진화하는 플랫폼 코인들이 등장하면서 갈수록 다양화되고 있는 추세다. 춘추전국시대가 지나면 과거 스마트폰 운영체제가 안드로이드와 iOS로 집약되었듯이 블록체인 생태계도 정비될 것이다.

코인과 토큰의 차이

디앱들은 대부분 토큰(token)을 발행한다. 토큰이란 무엇인가를 가능하게 해주는 것(enabler)이다. 예전엔 버스를 탈 때 토큰을 냈던 적이 있다. 즉, 버스 승차를 가능하게 해주는 것이다. 이렇게 비행기 티켓, 할인쿠폰, 헬스장 이용권, 멤버십 카드, 포인트나 마일리지 등은 모두 토큰의 개념이라 할 수 있다. 그러므로 디앱이 발행하는 토큰은 해당 서비스를 이용하거나 거래하는데 사용되는 것이다.

여기서 잠깐 토큰과 코인의 관계를 정리할 필요가 있다. 비트코인, 이더리움, 에이다, 이오스(이오스는 2018년 6월 1일부로 토큰에서 코인으로 전환), 네오, 퀀텀, NEM 등은 코인이라 부르고 디앱들이 발행하는 암호화폐는 토큰이라 부른다. 정확하게 구분되는 것은 아니지만 대체로 자체적으로 블록을 생성하면서 체인을 가지고 있는 비트코인이나 이더리움 등의 플랫폼의 화폐는 코인(coin), 그 플랫폼을 기반으로 발행된 것은 토큰(token)이라 구분한다. 부모와 자식의 관계라 비유할 수도 있겠다. 그러나 이것은 공식적인 용어 구분은 아니고 암묵적으로 사용되고 있을 뿐이다.

코인 플랫폼들은 토큰 발행표준을 제공한다. 예를 들어, 이더리움이나 이더리움에서 뻗어 나온 코인을 기반으로 하는 디앱들은 이더리움이 제공하는 토큰 발행기준인 ERC-20 표준을 따른다. 디앱 개발사들마다 별도의 토큰 기준을 만든다는 것은 쉬운 일이 아닐뿐더러 비효율적이다. 또 이더(ETH)와 호환성을 충족시키기 위해서 규정하고 있는 프로그래밍 기준을 따르는 것이 교환, 전송, 지갑사용 등의 측면에서 유리하기 때문이다.

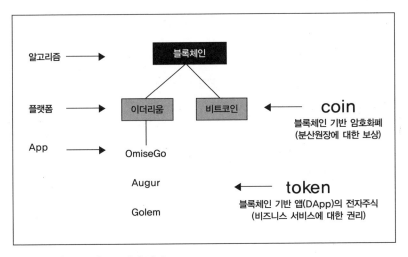

〈코인(coin)과 토큰(token)의 차이〉

공식적인 구분은 아니지만 자체적으로 블록을 생성하면서 체인을 가지고 있는 비트코인이나 이더리움 등의 플랫폼의 화폐는 코인(coin), 그 플랫폼을 기반으로 발행된 것은 토큰(token)이라 구분한다. 부모 와 자식의 관계라 비유할 수도 있다.

토큰을 발행하는 일은 ICO와 관련 있기 때문에 신중히 결정해야 한다. 반드시 토큰을 발행해야 블록체인 컴퍼니가 되는 것은 아니 다. 자체 토큰을 발행하지 않고도 블록체인 비즈니스를 충분히 할 수 있다. 플랫폼의 코인은 기축통화 역할을 하며 플랫폼 내에서 가 장 큰 유동성과 가격안정성을 지닌 토큰이기 때문에 그것을 활용하 는 것이 오히려 유리할 수도 있다. 그렇지 않고 새로운 토큰을 발행 한다면, 그 토큰이 가져다줄 이점이 무엇인가를 생각해봐야 한다. 또 후일 거래소에 상장되지 않는다면 토큰의 교환가치는 제로다. 거래소가 모든 토큰을 수용할 수는 없기 때문이다. ICO하기 위해 토큰을 발행하는 것은 돈의 논리일 뿐이다.

토큰을 발행하기로 했으면 토큰의 총 발행량, 초기 발행량과 유보량 등을 결정해야 하고, 분배비율과 방식, 그리고 토큰의 가격정책도 중요하다. 이러한 정책이 토큰의 가치에 영향을 미치기 때문이다.

토큰경제학

블록체인 기반의 디지털 ID를 개발하는 시빅닷컴의 CEO 비니 링햄은 "토큰이 세상을 먹어치우고 있다(Tokens are eating the world)" 라는 말을 했다. 토큰경제 생태계가 기존의 경제시스템을 대체해가고 있다는 의미다.

코인과 토큰이 만들어가는 블록체인 경제생태계는 기존과는 다른 문법체계를 가지고 있다. 블록체인은 단순히 기술적인 측면에서의 탈중앙화에 그치는 것이 아니라 운영과 소유 측면에서도 탈중앙화를 추구한다. 탈중앙화를 통해 투명성을 확보하고 성장도 공유하는 것이다.

자유 소프트웨어 재단의 설립자인 리처드 스톨만(Richard Matthew Stallman)은 소프트웨어를 가져다 쓰는 것도 자유, 고쳐서 쓰는 것도 자유, 재배포도 자유, 팔아먹는 것도 자유여야 한다고 주장했다. 오픈소스의 원조격인 셈이다. 그가 자유 소프트웨어 운동을 주창했던 1980년대만 하더라도 IT 업계 비즈니스 모델은 좋은 소프트웨어를 만들어서 돈 받고 파는 것이 대부분이었다. 빌 게이츠는 그렇게 억만장자가 될 수 있었다.

그러나 요즘 IT 기업들은 더 이상 소프트웨어를 독점해서 파는 장사에 골몰하지 않는다. 오히려 MS, 구글, 페이스북, 테슬라 심지어 애플까지 오픈소스를 외치고 있다. 페이스북이 관리하고 있는 오픈소스 프로젝트는 330여개에 달하며, 오픈소스 프로젝트에 참여하는 페이스북 개발자만 900명이 넘는다. 소프트웨어 판매업은 플랫폼 비즈니스로 진화했고, 이젠 플랫폼에서 발생하는 네트워크 효과(network effect)가 기업가치의 척도로 변했다. 비즈니스 생태계가 달라진 것이다.

비탈릭 부테린은 "사용자의 데이터와 트랜젝션을 가로채서 돈 벌지 말라"고 일침을 가한다. 토큰경제의 핵심은 네트워크의 성장에 따른 보상을 사용자들에게 나눠주는 데에 있다. 예를 들어, 이더리움 기반 디앱들이 많이 나올수록 이더리움 재단은 돈을 벌까? 그렇지 않다. 그것은 이더리움의 수익모델이 아니다. 비탈릭 부테린이 기대하는 바는 이더(ETH)의 가치가 오르는 것일 뿐이다.

댄 라리머는 스팀잇을 개발했지만 스팀잇 네트워크에서 발생하는 수익은 댄 라리머가 아니라 글 작성자와 보팅(voting)을 하는 큐레이터 그리고 21명의 증인들에게 돌아간다. 스팀 달러를 보유하고 있는 참여자들은 일종의 주주가 되는 셈이다. 함께 네트워크를 활성화시키고 공평하게 보상을 나눠 갖는 개념인데, 댄 라리머가 네트워크에 기여하는 활동을 하지 않는다면 아무리 창업자라 하더라도 그의 수익은 제로여야 한다.

2001년 지미 웨일스가 시작한 위키피디아는 수익모델이 없다. 집단지성형 백과사전인 위키피디아는 세계인들의 참여와 협업으로 만들어지고, 위키미디어 재단은 후원금으로 운영된다. 위키피디아는 돈을 벌고 있진 않지만 큰 네트워크 효과를 일으키고 있으며 브랜드가치 역시 대단하다. 위키피디아는 분산원장기술을 활용하는 사업이 아니지만 블록체인 생태계의 선진사례다.

블록체인 사업가들이 생각해야 하는 점이 이것이다. 코인이나 디앱의 창업자와 개발자만 돈을 버는 것이 아니라 네트워크에 참여하고 함께 기여한 피어들에게 몫을 돌려주자는 것이 토큰경제학의 정신이다. 성장과 소유를 공유하는 것이다.

코인과 토큰은 일종의 전자주식이다. 자본주의 시대의 주식회사는 지분을 가진 주주(share holder)가 투자만 해놓고 배당이나 자본이득을 챙겼지만 토큰생태계에서는 토큰보유자(token holder)들이 참여해서 함께 작업하고 네트워크를 키워가는 보상을 챙기는 구조다. 블록체인 사업을 설계할 때 이러한 원리를 이해하는 것이 선행되어야 사업에 성공할 수 있고, 그래야 건강한 블록체인 생태계도 만들어질 수 있다.

CHAPTER 3
1%의 각성, 프라이빗 블록체인

블록체인 생태계의 빅픽처

10년 전 뿌려진 씨앗이 큰 숲을 만들어가고 있다. 정리하자면 다음 〈그림〉과 같다. 블록체인이라는 씨앗이 땅에 떨어지고 거기서 비트코인이라는 나무가 자라났다. 줄기가 자라더니 이더리움이라는 새로운 줄기가 생겨나고, 많은 알트코인 가지들이 뻗어나기 시작했다. 포크와 변형을 통해 수많은 가지가 형성된 것이다. 그리고 그 가지에 잎이 달리기 시작했다. 이파리가 디앱(DApp)이다. 이렇게 블록체인의 숲이 조성되어가고 있는 중이다.

이 숲을 퍼블릭 블록체인(public blockchain)이라 부른다. 누구에게나 참여와 협업의 기회가 열려 있고 누구나 이 숲에서 사업도 하고 생활도 할 수 있는 것이다. 99%의 혁명인 블록체인의 생태계가 커지자 1%의 각성도 시작되었다. 그것이 프라이빗 블록체인(private blockchain)이다. 또는 허가받은 노드들만 참여할 수 있다 해서 허가형 블록체인(permissioned blockchain)이라 부르기도 한다.

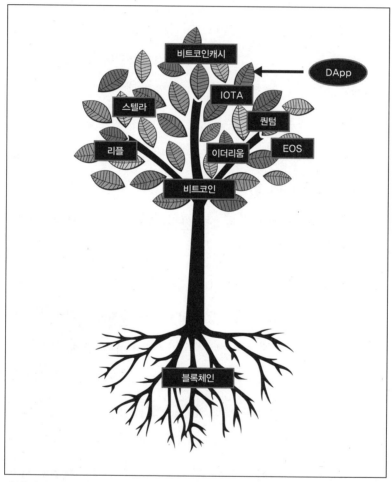

〈블록체인 생태계의 숲〉

프라이빗 블록체인은 말 그대로 노드의 자격이 제한되고 노드들의 권리와 역할도 제한적인 구조다. 프라이빗 블록체인은 대기관이 중심이 돼서 구축하는데, 기존 업무 프로세스에 분산원장기술로서의 블록체인을 접목시켜 효율성과 투명성을 높이고 보안을 강화하자는 취지다.

프라이빗 블록체인의 다양한 사례들

프라이빗 블록체인의 사례를 들어보자. 2018년 초 세계 최대의 해운사인 머스크(Maersk)는 IBM과 합작해서 조인트벤처를 만들었다. 글로벌 해운 생태계 전반에 적용할 수 있는 국제무역 디지털 플랫폼을 공동개발하기 위함이다. 글로벌 물류와 운송 분야는 많은 이해관계자들이 참여하고 있어 매우 복잡하고 아직도 수작업 의존도가 높은 분야 중 하나다. 제조사, 해운사, 포워딩업체, 항만, 터미널, 세관, 검역소, 은행, 보험 등 이해관련기관들을 노드로 참여시키고 모든 운송과정을 투명하게 오픈해서 공유하는 프라이빗 블록체인을 구축한다면 절차가 단순화되면서 효율성을 대폭 높일 수 있는 것이다.

무엇보다도 200개에 달하는 종이서류가 골칫거리다. 이를 스마트계약을 통해 해결한다면 시간과 비용을 절감할 수 있고, 여기에 인공지능(AI), 사물인터넷(IoT), 애널리틱스 등 클라우드 기반 기술을 활용하고 디지털 솔루션을 통해 국경 간 화물의 이동 및 추적이

가능하도록 하겠다는 것이 이들의 구상이다.

이처럼 블록체인을 물류와 운송 분야에 접목하려는 시도가 곳곳에서 일어나고 있다. 같은 방식으로 제조업에도 적용될 수 있다. 공급체인관리(SCM)에 블록체인의 원리를 도입하는 것이다. 원재료 공급업자들로부터 중간 벤더, 그리고 유통과 폐기에 이르기까지 전 과정을 투명하게 관리할 수 있고, 청탁이나 대금지급 등의 갈등 소지도 없앨 수 있다.

중국 월마트는 신선식품 관리에 블록체인 기술을 도입했다. 예를 들어, 돼지고기는 중국인들이 가장 즐겨먹는 식품인데, 청결과 위생 문제가 골칫거리였다. 식품안전 관련 문서의 위변조나 바꿔치기 사건들이 계속 발생하고 소비자의 95% 정도가 돼지고기로 인한 위생안전문제를 경험했을 정도였다.

월마트는 칭화대와의 협업으로 이 문제를 해결했다. 돼지농장, 도축업자, 가공업체, 포장업체, 운송회사, 물류창고 등을 노드로 참여시킨 프라이빗 블록체인을 구축하고 농장정보, 검역보고서, 등급판정서, 도축번호, 생산일자 및 유통기한, 운송/입출고 정보 등을 디지털화하여 스마트계약 시스템을 만들었다. 월마트에 쇼핑하러 온 소비자들은 돼지고기 포장지에 있는 바코드를 스캔하면 상세한 정보를 열람할 수 있고, 위생 문제가 불거질 경우 책임소재도 밝힐 수 있게 된 것이다. 이와 같은 콜드체인(cold chain) 시스템은 월마트의 신뢰도를 높였고, 법적 분쟁도 대폭 낮추는 효과를 가져왔다.

블록체인은 대체에너지 거래에도 적합하다. 마이크로 그리드 (micro grid)는 지역공동체 내에서 태양열이나 풍력 등 대체에너지를 주민들이 생산하고 직접 거래하는 프라이빗 블록체인이다. 생산된 전기에너지를 한전으로 보냈다가 다시 송전할 필요 없이 지역 내에서 자급자족하는 셈이다. 왔다갔다 중간 송전선에서 누수되는 에너지의 비효율성을 생각해보라. 일본 토요타는 전기자동차를 안 쓰는 시간에는 배터리에 충전되어 있는 전기를 팔았다가 필요할 때 다시 충전해 쓰는 에너지 블록체인을 구축하고 있다. 전기차를 하나의 에너지원으로 활용하겠다는 전략이다.

또 교육 분야에도 적용된다. 학생들의 학습과 시험성적, 활동이력 등은 블록에 암호화되어 보관될 수 있고 위변조가 불가능하다. 또 투명하고 공정하게 관리될 수 있다. 이러한 데이터는 당사자가 동의한다면 기업체 취업 시 참고자료로 활용할 수도 있는 것이다.

이처럼 블록체인의 적용범위는 무궁무진하다. 블록체인은 IoT와도 궁합이 잘 맞고, 다이아몬드 등 보석이나 예술품의 유통을 블록체인화하면 진위 여부와 소유권도 분명해진다. 루이비통과 같은 명품들도 짝퉁과의 전쟁을 벌일 필요가 없어진다. 중고차 유통에도 적용될 수 있고, 미국에서는 총기난사사건이 빈번해지면서 총기관리를 블록체인화하자는 움직임도 있을 정도다.

공공기관 업무 적용

정부나 공공기관도 블록체인을 도입하는 사례가 늘고 있다. 특히 지자체에서 발행하던 지역화폐나 지역상품권을 블록체인 기반으로 대체하고 있다. 지역화폐의 취지는 서민과 소외계층을 지원하고 지역상권을 활성화해서 소득도 성장시키고 공동체의 자원도 순환시키자는 것인데, 기존 종이 형태로는 많은 문제점이 노출됐다.

첫째는 활용 범위가 제한적이어서 활성화되기 어렵다. 그러다보니 소위 현금깡을 하는 사례도 속출한다. 원래 취지와는 달리 엉뚱한 곳으로 흘러가는 것이다. 둘째, 아날로그 종이화폐는 언제 어디서 어떤 용도로 사용되었는지 추적이 불가능하다. 이것을 디지털화하고 블록체인 시스템을 만들어놓으면 실시간 투명하게 관리할 수 있고, 빅데이터도 생성된다. 분석한 빅데이터는 추후 정책입안의 귀중한 자원이 될 수 있다.

예를 들어, 청년수당 지급시스템을 블록체인 기반으로 바꾼다고 생각해보라. 지금은 청년들이 각종 서류를 떼서 제출하면 담당공무원 책상 위에 프린트된 서류뭉치가 쌓여 있고, 담당공무원이 분류하고 자격을 심사해서 결제를 올리고, 확정이 되면 영수증을 받고 종이상품권을 지급해준다. 그러면 끝이다. 종이상품권은 잘 쓰이고 있는지 현금깡 업자들 손에 들어갔는지 알 길이 없다.

이를 블록체인화하면 신청 단계부터 신원증명/소득증명 등의 서류를 뗄 필요도 없어지고 지급, 사용 후 최종정산까지 모든 과정이 투명해지고 시간과 비용 역시 대폭 절감된다. 위조지폐를 막으려면 일반 인쇄기로 찍을 수 없어 조폐공사에서 발행해야 하는데, 그 비용도 만만치 않다. 이와 같이 블록체인이 가져다주는 효율성과 투명성, 그리고 보안성의 제고효과 때문에 많은 업체들이 프라이빗 블록체인 구축을 계획하는 것이다.

R3코다와 하이퍼레저

대기업이나 공공기관 등이 프라이빗 블록체인을 구축하는 것은 빌딩 리모델링에 비유할 수 있다. 노후화되고 불필요한 장치나 설비를 새 것으로 교체하고 빌딩 외부는 콘크리트 벽에서 통유리로 바꾸는 작업이다. 내부에서 일어나는 일은 공개되고 들여다 볼 수 있다. 물론 허가받고 권한이 주어진 노드에게 한정되지만.

블록체인의 적용영역은 일부 업종에만 국한되지 않는다. 블록체인은 낡고 녹슨 기존 파이프라인을 대체하자는 취지에서 나왔고, 중간에 개입되어 효율성을 떨어뜨리고 존재의 이유가 불분명해진 중개자들을 없애는 것이다. 대행업이나 유통업 등 서비스 업종들도 블록체인화를 서둘러야 한다. 그들은 중개자이기 때문이다. P2P 직거래가 일반화되면 기존의 가치체인이 분해되고 당장 직격탄을 맞을 수밖에 없는 업종이다.

무엇보다도 위기감을 느끼는 업종은 금융 분야다. 비트코인의 태생이 은행 없는 은행을 지향한 것이기 때문에 현재 가장 활발히 프라이빗 블록체인을 실험하는 곳은 금융권이다. 송금, 대출, 보험, 자산관리 등 퍼블릭 블록체인의 기세가 예사롭지 않은 것이다. 99% 피어들이 일으키는 쓰나미가 곧 들이닥칠 기세다.

이에 대한 각성이 2015년 글로벌은행들 사이에서 일어나기 시작했다. 그것이 R3 컨소시엄이다. 초기 9개의 은행들이 블록체인 기술의 공통된 표준을 세우는데 협력하기로 하면서 R3가 생겨났고, 곧 이어 많은 금융회사들이 몰려들었다. 현재 여기에는 대부분의 금융권이 참여하고 있다. R3 컨소시엄은 오픈소스 블록체인 플랫폼인 '코다(Corda)'를 발표했는데, 금융권 출신들이 만들어 금융 산업에 최적화된 분산원장기술이라 할 수 있다.

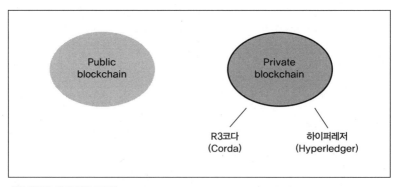

〈블록체인 생태계의 조성〉
블록체인 생태계는 크게 퍼블릭 블록체인과 프라이빗 블록체인으로 나눌 수 있으며, 프라이빗 블록체인에서 활용되는 분산원장기술로는 R3코다와 하이퍼레저가 있다.

R3코다와 함께 프라이빗 블록체인 기술의 또 하나의 축을 이루는 것은 리눅스 재단의 프로젝트로 시작된 하이퍼레저(Hyperledger)다. R3도 이 프로젝트에 부분적으로 참여하고 있는데, 하이퍼레저가 R3와 다른 점은 범용성이 넓다는 점이다. 예를 들어, R3에서는 데이터를 거래에 관련이 있는 당사자에게만 전달한다. 금융의 속성 때문에 그렇게 해야 한다. 그러나 하이퍼레저는 암호화된 데이터를 채널 내의 다수의 참여자들에게 전파할 수 있게 한다. 그렇기 때문에 앞서 예를 든 물류나 유통 부문에서는 R3보다는 하이퍼레저가 적합하다. 참여노드들이 데이터를 공유해야 하기 때문이다.

커뮤니티에 '비즈니스를 위한 블록체인'을 개발하도록 위임한 오픈 소스 프로젝트인 하이퍼레저는 금융 이외까지 확산될 수 있는 계기를 만들어주었고, IBM은 하이퍼레저를 자체적으로 커스터마이징해서 '하이퍼레저 패브릭(Fabric)'이라는 브랜드로 활용하고 있다.

삼성SDS, LG CNS, SK C&C 등 국내 SI업체들도 개념증명(PoC)과 파일럿 단계를 넘어 본격적인 채비를 차리고 있는 중이다. 이렇게 99%의 혁명인 퍼블릭 블록체인과 1%의 각성이자 수성전략인 프라이빗 블록체인이 경쟁하면서 거대한 블록체인 생태계가 조성되어가고 있으며 퍼블릭과 프라이빗을 결합한 신종 하이브리드 모델들도 시도되고 있다.

블록체인은 기술이 아니다

프라이빗 블록체인의 미래에 대해서는 사실 논의가 좀 있다. 사토시 나카모토나 비탈릭 부테린이 꿈꾸던 생태계와는 거리가 있기 때문이다. 블록체인은 단순한 분산원장기술만은 아니다. 블록체인은 하나의 무브먼트이자 철학사상이다. 비즈니스 패러다임과 프로세스의 일대전환 없이 기술만 적용하는 것은 단기적인 관점에서 효율성은 높아지겠지만 생명력이 길지는 못한 것이다.

중소기업 경영자들의 고민도 여기에서 해결책을 찾을 수 있다. 여기저기서 블록체인화를 추진하고 있는데 우리도 뭘 해야 하는 것 아닌가? 그런데 무엇을 어떻게 해야 하지? 그렇다고 대기업처럼 자본력이 충분한 것도 아닌데?

블록체인이 일으키는 변화와 근원적인 본질에 대한 통찰 없이 기술만 적용하려는 것은 오히려 해가 될 수 있다. 분산원장이 답은 아니다. 원장을 분산하는 데에는 컴퓨터와 네트워크의 자원이 낭비될 소지도 있고, 오히려 번거로움을 만들어 효율을 떨어뜨릴 수도 있는 것이다. 원장이 분산되어 있지 않더라도 블록체인의 정신과 부합되면 블록체인 생태계에 적합성을 가질 수 있다. 그러므로 기술을 생각하기 전에 비즈니스 프로세스 리엔지니어링이 선행되어야 한다. 경영에 대한 관념을 바꾸고 사업모델과 프로세스를 혁신하는 작업이 블록체인화하는 일이다. 그렇게 하다보면 분산원장기술을 어디에 어떻게 접목할지 보일 것이다.

블록체인 진화의 단계

블록체인은 이제 시작 단계를 넘어 한창 발아해가는 단계에 있다. 지금의 단계를 인터넷의 역사에 비유하자면, 1990년대 상황이라 할 수 있다. 1969년 아르파넷(ARPANET)에서 시작된 인터넷은 1990년대 일반대중에게까지 확산되었지만 그때만 하더라도 속도도 느리고 어플들도 많지 않아 활용할 수 있는 것이 별로 없었고 UI(User Interface)도 열악했었다. 그러나 순식간에 무서운 속도로 진화하고 새로운 것들을 계속 만들어내면서 지구인들을 몰아붙였다. 그리고 10~20년이 지난 지금 우리는 과거에는 상상할 수 없었던 신세계에 들어와 있다. 블록체인도 이와 같다. 진화의 임계점이 임박해 있는 것이다.

2017년 『하버드 비즈니스 리뷰』 1~2월호에 실린 "The truth about blockchain" 제목의 논문에서 저자들은 인터넷이 어떤 단계를 거쳐 진화해왔으며, 그에 비견해볼 때 블록체인은 어떤 식으로 진화할 것인가를 다음의 〈도표〉와 같이 정리했다. 기술은 두 가지 축으로 진화하면서 자리 잡아 가는데, 하나(x축)는 '참신성의 정도(degree of novelty)'를, 또 한축(y축)은 '복잡성의 정도(amount of complexity and coordination)'를 나타낸다.

111

먼저 인터넷의 진화 과정을 돌이켜보자. 인터넷은 초창기 아르파넷 시절 이메일을 주고받는 'SINGLE USE' 단계에서 시작했었다. 논문의 저자들은 그러다 기업내부의 인트라넷으로 발전한 'LOCALIZATION' 국면으로(참신성의 증가), 또 아마존 등이 오프라인에서 하던 일을 온라인으로 대체했던 것처럼 'SUBSTITUTION' 국면으로(복잡성의 증가) 진화하다가 결국 스카이프와 같이 데이터를 음성 형태로 전환하는 'TRANSFORMATION' 단계까지 진화했던 사례를 든다. 이런 식으로 진화했던 인터넷은 21세기 들어 웹 생태계를 뒤바꾸면서 대전환을 일으켰었다.

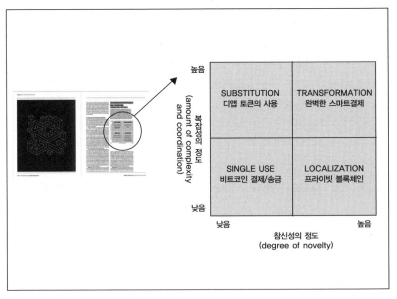

〈블록체인 진화의 현 단계〉

112

제2의 인터넷인 블록체인이 비슷한 수순을 밟고 있다. 처음 비트코인으로 결제하고 송금하는 'SINGLE USE' 단계를 지나 프라이빗 블록체인이 활성화되는 'LOCALIZATION' 국면으로, 또 앞서 사례를 든 많은 코인과 토큰들이 기존 상품권, 티켓, 카드, 마일리지, 포인트 등을 대체하는 'SUBSTITUTION' 국면에 진입해 있다. 얼마 지나지 않아 완벽한 스마트계약이 자동적으로 구현되는 'TRANSFORMATION' 단계로 진입할 것이다. 지금 블록체인의 진화는 임계점에 가까운 단계에 와 있다.

형태(form)가 변하려면 자기동일성만 반복되어서는 안 되고 이종교배가 일어나야 한다. IoT, 인공지능 등과 융합되면서 블록체인의 트랜스포메이션이 일어나는 것이 4차산업혁명이다. 4차산업혁명 기술들과 융합되는 블록체인이 어떤 모습으로 진화할지 구체적으로 그려보는 일은 쉽지 않다. 인간의 지능을 넘어서고 있기 때문이다. 그러나 인터넷에서 학습한 경험으로 추측해볼 수 있는 사실은 아주 빠른 시간 안에, 어쩌면 인터넷보다 더 빠른 속도로 혁명적인 변화를 일으킬 것이라는 점이다. 블록체인 시대가 올까 아닐까의 문제가 아니라 시간의 문제일 뿐이다. 우리 곁에 이미 와 있는 미래인지도 모른다.

10년 전에 뿌려진 블록체인이라는 새 경제의 씨앗은 거대한 코인생태계를 조성해가고 있는 중이다. 조만간 산업시대의 자본주의 경제시스템을 붕괴시키고 세상을 온통 바꿔놓을 기세다. 블록체인, 누구냐 넌? 재미있는 이야기는 지금부터다.

3
블록체인은
웹3.0이다

CHAPTER 1
블록체인의 유전자 분석

CHAPTER 2
집단지성이 무르익다

CHAPTER 3
블록체인이 인공지능을 만났을 때

지능을 가진 거인 블록체인은
우리가 상상하는 이상으로 세상을 바꿔놓을 것이다.
오픈 소스인 블록체인은 빠른 속도로 진화해갈 것이고,
여기에 인공지능이 가세하면서
걷잡을 수 없는 융합에너지가 발생하고 있다.

CHAPTER 1
블록체인의 유전자 분석

분산 네트워크의 시작

99%의 혁명인 블록체인의 핵심원리는 분산화와 권력이동이다. 중심부의 1%(은행, 정부, 대기관 등)들이 독점하고 있던 권력과 이익을 99%에게 이동시키겠다는 사상이다. 어떻게? 세상의 모든 거래와 데이터를 1%의 중앙서버 대신 노드들의 컴퓨터에 분산(分散)시켜 기록해놓겠다, 그리고 P2P(Peer to Peer) 방식을 통해 자율적으로 해결하겠다는 것이다. 그래서 블록체인을 분산장부(decentralized ledger)기술이라고 부르고, 탈중앙화된 자율적 조직이라고도 한다.

그런데 가만 생각해보면 이것은 인터넷의 원리이지 않았던가? 인터넷 시스템에도 중앙에서 통제하는 기구나 대형 슈퍼컴퓨터가 존재하지 않는다. 누구나 서버가 될 수 있고 서버와 클라이언트 간 자율적으로 운영되는 분산 네트워크다. 또 인터넷은 고유명사가 아니다. 상호간을 의미하는 'inter'와 네트워크 'net'의 합성어인데, 서비스를 제공하는 중심이 되는 호스트 컴퓨터도 없고 중앙집권적으로 컨트롤하는 조직도 없기 때문에 붙여진 일반명사일 뿐이다. 다시 말해 이전에는 1%의 강력한 중앙기관(군사, 정부, 대기관)이 통제하던 통신망을 일반인들의 손에 넘겨준 혁명적인 사건이다. 이런 점에서 인터넷도 DAO(Decentralized Autonomous Organization), 탈중앙화된 자율적 조직이다.

그러니까 블록체인은 어느 날 갑자기 하늘에서 뚝 떨어진 게 아닌 것이다. 인터넷과 동일한 유전자를 가지고 있고, 인터넷이 한 단계 더 진화된 것이 블록체인이다. 블록체인을 제2의 인터넷이라 하는 이유도 여기에 있다. 그렇다면 블록체인의 유전자 분석을 위해서는 먼저 인터넷의 뿌리를 파헤쳐봐야 하고, 인터넷의 유전자가 어떻게 블록체인으로 진화를 일으켰는지의 과정의 역사를 추적해봐야 하지 않겠는가.

인터넷은 1969년 미국 DARPA(국방고등연구소)의 통신망 프로젝트로 시작되었다. 그 통신네트워크의 이름이 아르파넷(ARPANET)이었는데, 인터넷의 조상이라 할 수 있다. DARPA가 아르파넷 프로젝트를 시작한 것은 2차 세계대전 때 통신의 중요성을 통감했었기 때문이다. 향후 전쟁 발발 시 통신시설이 파괴되는 상황에 어떻게 대비할 것인가? 그렇게 시작한 통신망 프로젝트가 네트워크를 분산시키는 아르파넷이었다. 즉, 네트워크를 거미줄처럼 여러 노드로 분산해놓으면 중간의 몇 개 통신망이 끊어지더라도 전체 통신시스템은 이어질 수 있겠다는 아이디어에서 아르파넷 프로젝트가 출발한 것이다.

〈아르파넷(ARPANET)〉
인터넷의 전신은 1969년 시작된 미국 국방고등연구소의 통신망 프로젝트인 아르파넷(ARPANET)이었다.

이 대목이 재밌지 않은가? 역발상이다. 일반적인 통념으로는 천재지변이나 전쟁이 일어나더라도 파괴되지 않도록 통신시설과 망을 견고하게 지키려는 생각을 했을 텐데, 오히려 분산해놓는 것이 더 안전한 것이다. 비유를 들자면, 서울에서 부산까지 가는 고속도로를 튼튼하게 지키는 대신 갈래갈래 지방도로망을 구축해놓으면 고속도로가 파괴되더라도 운송에는 문제가 없다.

이처럼 인터넷의 시작은 분산이었다. 분산컴퓨팅의 아버지라 불리는 레슬리 램포트가 1982년 쓴 논문에서 '비잔틴 장군들의 딜레마'를 제기한 것도 이런 맥락이었다. 분산되어 있는 노드들 중에 오작동하거나 해킹을 당하거나 스파이 등 악의적인 노드들이 생긴다면 전체시스템의 무결성과 신뢰를 어떻게 담보할 것인가? 사토시 나카모토가 분산컴퓨팅의 문제를 해결했던 솔루션이 비트코인의 합의 알고리즘인 작업증명(PoW)이었고, 이것이 블록체인의 주요한 원리고 블록체인이 분산(decentralized)이라는 유전적 특질을 갖게 된 배경이다.

이렇게 인터넷은 군사 목적에서 시작됐고 1990년대 이전까지는 연구소나 대학 등 대형기관에서만 사용할 수 있는 1%들의 전유물이었다. 당연히 이때는 기밀유지가 중요했고 통신네트워크도 폐쇄적일 수밖에 없다보니 99%는 네트워크에 접근할 수 없었던 것이다. 그러면 어떻게 일반대중들도 인터넷을 쓸 수 있게 되었을까?

팀 버너스 리, 하이퍼텍스트를 계승하다

일반인들도 통신네트워크를 사용할 수 있게 된 것은 인터넷의 아버지라 불리는 팀 버너스 리(Tim Berners Lee)의 공이 크다. 팀 버너스 리는 1955년 영국에서 태어나 옥스퍼드대학에서 물리학을 전공하고 1980년대 CERN(유럽입자물리연구소)의 연구원으로 근무하고 있었다. CERN과 같은 연구소에서는 이전부터 당연히 컴퓨터통신 네트워크를 사용했다. 연구의 효율성을 높이려면 정보를 서로 공유해야 하고, 컴퓨터 간에 통신망을 깔고 메일이나 문서 파일 등을 주고받아야 하니까. 또 수천 명의 CERN 연구원들이 만들어내는 연구 자료들을 잘 통합 관리하는 것도 중요한 일이었다. 그런데, 과거에는 연구보고서를 쓰면 도서관이나 자료실에 보관하고 디렉토리별로 분류해서 관리했는데, 수천 명이 쏟아내는, 그래서 점점 쌓여 가는 방대한 데이터를 감당할 방법이 없는 것이다.

팀 버너스 리가 이 문제를 고민한다. 대학 때부터 컴퓨터를 좋아했고, 잠시 통신회사와 이미지 컴퓨터 시스템 회사에서 일하면서 데이터 네트워크에 관한 경력을 쌓은 경험이 있었던 팀 버너스 리는 1984년 CERN에 복직해서 연구소 정보 검색시스템 구축 작업을 맡게 된다.

1980년대는 한창 컴퓨터가 개인화되던 때였는데, 연구원 개인들의 PC를 연결해서 서로 정보를 공유하고, 또 만들어내는 연구 페이퍼들을 도서관이나 자료실이 아닌 컴퓨터상에 모으고 분류하고 검색할 수 있는 효율적인 정보시스템을 고민했던 것이다.

이때 팀 버너스 리가 '하이퍼텍스트' 라는 개념을 발견한다. 그리고 하이퍼텍스트 프로토콜을 개발하는데, 일반대중들도 인터넷을 쓸 수 있게 되고 웹 생태계가 만들어진 것은 하이퍼텍스트 프로토콜 덕분이다. 인터넷 주소창의 제일 앞에 적혀 있는 http는 'Hyper Text Transfer Protocol'의 축약어인데, 통신을 위한 전송 프로토콜이 하이퍼텍스트라는 표식이다.

〈하이퍼텍스트 프로토콜〉
인터넷 주소창의 제일 앞에 적혀 있는 http는 'Hyper Text Transfer Protocol'의 축약어인데, 통신을 위한 전송 프로토콜이 하이퍼텍스트라는 표식이다.

전송 프로토콜이 필요해진 것은 컴퓨터마다 운영체제나 사용하는 소프트웨어가 다르기 때문이다. 컴퓨터끼리 통신을 하는데 이것은 장애요인으로 작용한다. 그래서 컴퓨터나 통신 장비 사이에서 메시지를 주고받는 양식과 규칙의 약속체계인 통신 프로토콜이 연구되기 시작했고 1980년대 TCP/IP가 표준으로 자리 잡게 되었다.

TCP/IP를 백본으로 하는 어플리케이션들이 파일 전송을 하기 위한 FTP(File Transfer Protocol)나 전자메일을 보내고 받는데 사용되는 SMTP(Simple Mail Transfer Protocol) 등인데, TCP/IP 모음(suite)에 HTTP를 추가하면서 웹 문서를 주고받고 개인들도 인터넷에 접속할 수 있게 된 것이다.

그럼 하이퍼텍스트란 무엇인가? 하이퍼텍스트는 '초월한(Hyper)'
과 '문서(Text)'의 합성어로, 문자 그대로 초월적으로 연결되어 있는
문서라는 뜻인데, 문서들이 무작위로 마구 연결되어 있어 기존 개념
의 문서와 달리 비선형적으로 조직화된 문서다. 문서 내에 있는 하이
퍼링크를 통해 여러 문서를 초월해서 넘나들 수 있는 것이 특징이다.

하이퍼텍스트(hyper-text)라는 개념을 고안하고 용어를 처음 사용
한 사람은 영국의 사회학자 테드 넬슨(Ted Nelson, 1937년~)이었다.
테드 넬슨이 하이퍼텍스트를 생각해낸 이유는 기존 문서분류시스
템의 한계를 극복하기 위함이었다. 정보는 갈수록 쏟아져 나오는데
기존의 중앙화/수직적/선형적 인덱싱 시스템으로는 감당할 수 없
었던 것이다.

조금 더 뿌리를 캐보면 바네바 부시에 닿는다. 바네바 부시
(Vannevar Bush)는 1945년 'As we may think'라는 논문에서 정보 분
류의 문제점을 지적했었다. 정보는 계속 홍수처럼 쏟아져 나와 바다
를 이루는데 기존의 정보 분류(indexing)시스템은 돛단배 수준에서 못
벗어나고 있다는 것이다. 그는 우리가 생각하는 방식이 체계적이 아
니라 종잡을 수 없이 마구잡이라는 점에 착안해서 '메멕스(memex)'
라는 인간의 기억장치를 응용한 새로운 분류시스템도 고안한다.

바네바 부시의 논문에서 영감을 얻은 테드 넬슨은 메멕스를 한

단계 발전시켜 하이퍼텍스트 개념을 접목한 '제나두(Xanadu)' 프로젝트도 만들었다. 1960년부터 발족한 제나두는 최초의 하이퍼텍스트 프로젝트였고 지금 우리가 사용하는 웹(web)의 원형이기도 하다. 이전에 정보를 분류하고 보관하던 방식은 선형적이고 체계적이었던데 반해, 하이퍼텍스트를 접목한 제나두는 체계를 초월해서 비선형적으로 마구 링크시키는 구조다.

테드 넬슨의 제나두 프로젝트는 팀 버너스 리에 의해 계승되어 웹으로 구현된다(제나두 프로젝트는 1998년 웹에 자리를 물려주고 종료됐다). 팀 버너스 리는 1989년 "링크로 연결된 문서조각들의 거미줄이 고정된 계층구조보다 한층 더 유용하다"고 하면서 HTTP를 주창했고, 지금 우리가 사용하는 인터넷 언어인 HTML과 관련 소프트웨어를 개발한다. 팀 버너스 리는 월드와이드웹 개념을 만들었고, 1994년부터 월드와이드웹 컨소시엄(w3C)을 설립해서 이끌고 있다.

하이퍼텍스트가 통신전송규약으로 받아들여지면서 연구소나 대형기관들의 파일뿐 아니라 일반인들이 만든 문서도 모두 하이퍼링크 될 수 있게 되었고, 전 지구인들이 참여할 수 있는 월드와이드웹(줄여서 웹이라 부른다) 생태계가 조성된 것이다. 이렇게 하이퍼텍스트는 기존 정보를 분류하던 중앙권력을 개인들의 손가락에 맡겨 넘겨주었고, 누가 누구와 연결될지 모르고 어떻게 융합돼서 어떤 결과가 나올지 예측하기 어렵다. 순차적인 세계(world of sequence)를 모호함의 세계(world of blur)로 바꾼 것이다. 이것이 인터넷이 불확실성이 높은 복잡계를 낳을 수밖에 없는 태생적 이유고, 블록체인이 권력이동(power shift)이라는 유전적 특질을 갖게 된 배경이 바로 하이퍼텍스트에 있다.

블록체인의 게놈

비트코인과 블록체인이 다른 차원의 개념이듯이 인터넷과 웹도 동일한 개념이 아니다. 웹은 인터넷이라는 통신망 기술에 하이퍼텍스트를 접목해 각 서버에 흩어져 있는 정보를 하나의 시스템으로 융합한 것이며, 우리는 오늘날 하이퍼텍스트로 구성된 웹 페이지에서 정보를 얻고 하이퍼링크를 통해 여러 웹 페이지를 이동한다.

요약하자면, 인터넷은 분산된 네트워크인 하드웨어(사물적 요소)고, 웹은 그 인프라 위에 조성된 소프트웨어(정보적 요소)다. 다시 말해 인터넷에 하이퍼텍스트가 얹어진 것이 웹이고, 웹은 집단지성 글로벌 도서관, 또는 글로벌 규모의 초월적 문서라 표현할 수도 있다.

분산화와 권력이동이라는 블록체인의 본질은 바로 여기에서 유래한 것이다. 블록체인의 유전자는 바로 하이퍼텍스트다. 하이퍼텍스트는 비유적으로 말하자면, "나 더 이상 못하겠다. P2P 방식으로 당신들끼리 알아서 해라!" 이렇게 분산시키고 권력을 개인들에게 이양한 것이다. 예전에는 정보를 체계적으로 분류하는 주체가 도서관이나 연구소 등 1%의 대형기관이 중앙에 존재했었는데, 그런 방식으로는 넘쳐나는 정보들을 보관하기조차 어려워지다보니 아예 99% 개인(peer)들에게 주도권을 넘겨주자, 다시 말해 개인들의 손가락에 맡겨버린 것이 하이퍼텍스트라는 말이다. 우리가 인터넷을 보다가 글자나 이미지에 커서를 대면 손가락 모양으로 바뀌고, 그걸 꾹 누르면 다른 페이지로 이동하는 것은 문서들이 하이퍼링크되어 있기 때문이다.

자, 이제 블록체인의 유전자 지도(genome)가 그려지는가? 제나두의 유전자인 하이퍼텍스트가 분산 네트워크인 인터넷을 만나면서 웹으로 진화하더니, 21세기 들어 블록체인으로 유전자가 계승되어 진화가 일어나고 있는 것이다. 아래 〈도표〉가 블록체인의 유전자 지도를 도식화한 것이다.

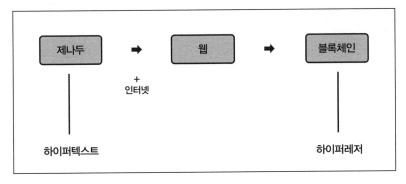

〈블록체인의 게놈(genome)〉
제나두의 유전자인 하이퍼텍스트가 분산 네트워크인 인터넷을 만나면서 웹으로 진화하더니, 21세기 들어 블록체인으로 유전자 진화가 일어나고 있다.

이렇게 제나두에서 웹으로, 또 웹에서 블록체인으로 피가 유전되고 있다. 하이퍼텍스트에 대비되는 개념으로 블록체인을 하이퍼레저(hyperledge)라고 부르기도 하는데, 웹이 문서들을 평면적으로 연결시켰다면 블록체인은 데이터장부들을 입체적으로 연결시킨다. 2D에서 3D로 진화한 것이다.

블록체인의 유전자를 추적하는데 많은 지면을 할애한 것은 유전자를 알아야 정체를 파악할 수 있고, 어떤 일들을 벌일지 예측할 수 있기 때문이다. 자, 블록체인의 유전자를 이해했으면 이번에는 어떤 과정을 거쳐 진화가 일어났는지를 살펴볼 차례다.

CHAPTER 2
집단지성이 무르익다

집단지성의 태동

결론부터 말하자면, 하이퍼텍스트가 하이퍼레저인 블록체인으로 진화할 수 있었던 것은 집단지성(collective intelligence) 때문이다. 집단지성은 뉴 밀레니엄 들면서 본격적으로 발현되기 시작했다. 물론 집단지성 역시 갑자기 튀어나온 현상은 아니다. 1990년대 초 일반 피어들도 인터넷에 접속할 수 있게 되면서 연결과 융합이라는 새로운 기운이 지구촌을 감돌았다. 누가 누구와 언제 어떻게 연결될지 모르고 무엇과 무엇이 합쳐져서 새로운 변종을 만들어낼지 예측하기 어려운 것이 웹 생태계의 특징이다. 불확실성과 모호함은 피어들의 손가락에 권력을 넘겨준 하이퍼텍스트의 유전적 특질이다.

1990년대 지진이 시작했다. 1995년 백과사전의 지존 브리태니

커의 250년 된 깊은 뿌리가 순식간에 뽑혀나갔고, 전통산업들의 가치체인(value chain)은 러스트 벨트(rust belt)로 변하기 시작했다. 반면 웹이라는 신대륙에 골드러시가 일어났다. 웹브라우저를 만든 넷스케이프는 개발 1년 만에 상장되어 대박을 터뜨렸고, 야후, 이베이, 아마존 등이 시작된 것도 1990년대 중반이다. 구글은 1998년에, 알리바바는 1999년에 창업하면서 대열에 합류했다.

지진의 강도가 심각한 수준으로 증폭되어갔고 비즈니스 생태계도 요동쳤다. 웹은 새로운 사업의 중심으로 자리 잡아갔다. 기업들은 오프라인에서 하던 일들을 온라인으로 이동시키면서 지각변동에 대응해나갔고, 사업모델을 웹 기반으로 전환해갔다.

그러다 21세기 들어 웹이 스스로 진화하기 시작했다. 블로그 생태계가 조성된 것이다. 이전에는 피어들은 정보의 소비자였을 뿐이었다. 포털들이 디렉토리화해서 잘 꾸며놓은 콘텐츠를 피어들은 클릭해서 소비만 하던 행태였던 것이다. 이처럼 포털사이트들은 울타리 쳐진 정원(walled garden)으로 피어들을 끌어들였고, 사람들이 정원 안에서 게임도 하고 뉴스도 보는 등 콘텐츠를 소비하는 길목에 배너광고를 붙이는 방식으로 큰돈을 벌었다. 이 당시 정보의 이동은 생산자로부터 소비자에게로 일방통행이었고 선형적이었다. 그러나 블로그 생태계가 만들어지면서 피어들도 정보의 생산자로 변했고, 웹 생태계는 쌍방향통행, 그리고 평면적으로 진화하기 시작했다.

금융선물거래 전문가였던 지미 웨일스(Jimmy Wales)는 브리태니커가 몰락한 지 6년만인 2001년 위키미디어 재단을 설립하면서, 전 세계 모든 사람들이 자유롭게 글을 업로드할 수 있는 위키피디아(Wikipedia)라는 참여형 온라인 백과사전을 창시했다. 전문가들만이 집필자가 될 수 있었던 과거의 백과사전과는 달리 전 세계 사람들을 정보의 생산자로 끌어들여 일반 소비자들도 자신의 지식을 공유할 수 있는 참여형 집단지성 데이터베이스를 만든 것이다.

돈 탭스콧과 앤서니 윌리엄스는 위키피디아가 성공하는 기상천외한 현상을 보면서 위키와 이코노믹스의 합성어인 '위키노믹스(Wikinomics)'라는 신조어를 만들었고, 집단지성을 활용해서 협업을 통해 부가 창출되는 방식으로 경제 패러다임이 전환될 것이라고 주장했다. 그들의 예측이 블록체인에서 구현되고 있는 셈인데, 돈 탭스콧은 블록체인에서 느낀 흥분을 2016년 그의 아들과 함께 『블록체인 혁명』으로 펴냈다.

이렇게 21세기 초부터 집단지성이라는 용어가 회자되면서 웹의 진화가 일어났다. 오라일리 미디어의 설립자 팀 오라일리(Tim O' Reilly)는 이와 같은 웹의 진화를 '웹2.0'이라 부르자고 주창하면서 2004년 '웹2.0 컨퍼런스'도 개최한다. 선형적/일방적(1D)이었던 웹 환경이 평면적/쌍방향적(2D)으로 변한 것이다. 이처럼 웹2.0의 유전자는 참여/공유/개방이다.

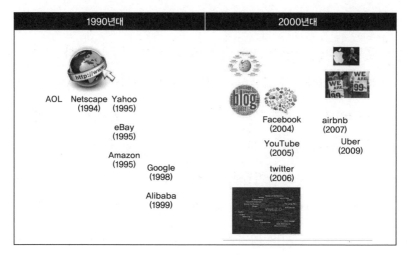

1990년대	2000년대

AOL　Netscape　Yahoo
　　　(1994)　(1995)

eBay
(1995)

Amazon
(1995)　　Google
　　　　　(1998)

Alibaba
(1999)

Facebook
(2004)

YouTube
(2005)

twitter
(2006)

airbnb
(2007)

Uber
(2009)

〈집단지성의 형성〉

1990년대 태동하기 시작한 집단지성은 21세기 들어 웹2.0 환경으로 변하면서 무르익더니 공유경제모델이 활성화된다. 그리고 2008년 블록체인이 등장한다.

SNS도 이때 합류한다. 마이스페이스, 페이스북, 트위터, 유튜브 등의 창업이 2000년대 중반이었다. 블로그의 UI/UX를 단순화하고 연결력을 획기적으로 향상시켜 마이크로 블로그라 불리는 SNS는 소셜미디어라는 장르를 만들면서 기존 매스미디어의 존재 기반을 흔들었다.

이렇게 웹은 1.0에서 2.0으로 진화하면서 웹 생태계는 울타리 정원(walled garden)에서 오픈 플랫폼(open platform)으로 변해갔고, 산업시대의 빅 브라더들과 신흥 플랫폼기업 간 가치의 역전도 일어났다. 이처럼 집단지성은 참여/공유/개방의 웹2.0 토양에서 무르익어

130

갔다. 그러던 와중, 2008년경 새로운 국면을 맞이한다.

공유경제의 부상

2008년은 여러모로 의미가 있는 해였다. 첫째, 미국에서 일어난 금융위기가 글로벌 네트워크를 타고 전 세계로 퍼져나갔다. 정부나 대기관 등 1%의 기득 권력층들이 99% 서민들의 삶을 하루아침에 초토화시킨 데에 실망하고 분노한 피어들의 각성이 일어났고, 신뢰가 붕괴되면서 반기업적이고 반체제적인 성향이 싹트기 시작했다. 여기에 블로그, SNS 등의 소셜 플랫폼들이 가세하면서 낯선 사람에 대한 신뢰는 오히려 상승세를 타게 되었고, 사람들은 기업의 광고보다 친구의 추천을 더 믿게 되었다. 또 사람들은 예전보다 '비주류적인 아이디어'를 선뜻 받아들이게 된 것이다. 2010년 튀니지에서 발생한 재스민혁명도 이러한 맥락에서 일어난 사건이다.

둘째, 2008년은 스마트폰의 원년이라 할 수 있다. 2007년 아이폰은 아무리 두드려도 열리지 않던 스마트폰 시장을 열었고, 이후 안드로이드 폰들도 쏟아져 나오면서 모바일 시대가 시작되었다. 지구인들이 과거 007요원들이나 들고 다녔을 법한 첨단기기를 하나씩 손안에 넣으면서 누구나(anybody) 언제(anytime) 어디서나(anywhere) 무엇이든(anything) 할 수 있는 인프라스트럭처가 조성된 것이다. 스마트폰은 문명사적 의미를 갖는 물건이다.

셋째, 공유경제가 본격화된 것이 이 시점이다. 조 게비아와 브라이언 체스키가 샌프란시스코 임대아파트에서 에어베드와 아침식사를 제공한다는 조건을 내걸고 숙소공유사업을 시작한 것도 이 무렵이고, 우버는 2009년 창업한다. 물론 에어비앤비나 우버가 공유경제의 효시는 아니다. 공유경제는 이미 피어들이 인터넷에 접속하기 시작한 1990년대 잉태되어 있었는데, 이베이나 프라이스 라인, 위키피디아 등도 공유경제의 유전자를 갖고 있다.

21세기 뉴 밀레니엄 들어 많은 공유경제 사업모델들이 등장한다. 세 아이의 엄마였던 로빈 체이스가 2000년도 창업한 자동차 공유모델인 집카(Zipcar), 숙박업소를 공유하는 모델도 에어비앤비 이전에 카우치서핑이나 홈어웨이 등이 이러한 흐름에 동승했었다. 공유경제라는 용어도 1980년대부터 쓰이긴 했지만 2008년 로렌스 레시그 하버드대 교수에 의해 개념이 정립되는데, 이렇게 2008년경부터 공유경제가 본격적으로 실체를 드러냈다.

공유경제는 블록체인과 동일한 유전자를 공유하고 있다. 피어들에게로의 권력이동 현상이기 때문이다. 생산자인 기업이 만들어놓은 상품을 시장에서 구매만 하던 소비자들도 생산자로 변신할 수 있다. 진정한 의미의 프로슈머가 등장한 것인데, 이처럼 산업시대 생산자 중심이었던 데에서 소비자에게로 힘이 이동되는 현상이 일어나고 있는 것이다. 200여 년 전 산업화가 시작되고 자본주의가 득세하면서 인간은 소외되었다. 자본과 사물이 중심이 되는 가치체인이 경제성장의 원동력이었고, 인류는 기업이 생산하는 상품을 구매해서 소비하는 구경꾼에 불과했다.

그러나 산업문명시대 자본주의 경제는 수명을 다해가고 있다. 일자리 창출은 수요를 충족시키기에 부족하며, 전 세계 청년들은 졸업 후 일자리를 찾지 못해 힘겨워하고 있다. 또 경제적 이득은 상위 1%에게로 돌아간다. 집카의 창업자 로빈 체이스는 『공유경제의 시대(Peer Corporation)』에서 이렇게 일갈한다.

"지난 200년 동안, 산업경제 하에서는 특정 유형의 자본가만 이득을 취했다. 살아남고 번창하기 위해서는 규제를 피하면서 시장을 통제하는 독점이나 다름없는 상태를 유지해야 했으며 시장을 통제하기 위해서는 지적재산권, 영업 비밀, 저작권, 장비, 직원 등을 독점적으로 소유해야 했다. 공장, 도구를 비롯해 기타 값비싼 생산도구의 잠재력을 전부 활용할 수 있는 것은 상당히 큰 기관뿐이었다. 제품과 서비스는 표준화됐다." (『공유경제의 시대』, 333쪽)

웹3.0의 개념

공유경제는 단순한 아나바다 운동이 아니다. 공유라는 용어가 들어가니까 남아도는 물건들을 남들과 나누고 함께 쓰는 것으로 생각

될 수 있지만 그건 표피적인 현상에 불과하다. 사람들이 소통하면서 집단지성을 만들어내는 협업경제이고, 연결을 통해 새로운 가치를 창출해내는 융합경제다. 공유경제는 산업시대의 생산경제를 붕괴시키는 룰 파괴자다.

공유경제의 가치방정식은 생산과 유통이 아니라 연결과 융합이다. 지금까지는 상품을 생산해서 시장에서 점유율을 다투는 경쟁의 게임이었다면 점점 생산되어져 있는 상품들을 연결하고 융합하는 공유의 게임으로 바뀌어가고 있다.

그런데 연결과 융합을 통해 부를 창출하는 방식이 기존 방식을 역전시키고 있는 것이다. 2009년 출발한 우버의 기업가치는 몇 년 지나지 않아 웬만한 자동차회사들을 추월했고, 에어비앤비 역시 세계 1위 호텔체인 힐튼을 뛰어넘었다. 이상하지 않은가? 대차대조표 상에 자동차를 한 대도 소유하고 있지 않고 공장도 없는 우버가 세계 최대의 자동차회사로 돌진하고 있는 것이다. 에어비앤비도 단 한 채의 숙소도 지은 적이 없다.

이렇게 인터넷과 스마트폰이 구축해놓은 인프라를 토대로 연결과 융합을 통해 가치를 창출하는 생산 활동이 공유경제이고, 기업이 생산/판매하고 소비자는 구매해서 소비만 하던 산업시대의 역할모델도 달라지고 있다. 에어비앤비를 통해 자신의 집을 빌려주는 호스트들이 늘어나고 있고, 직장을 퇴직하고 우버나 디디추싱의 기

134

사로 나서는 사람들도 많아지고 있다. 기존의 비즈니스 명제가 근원적으로 달라지고 있는 것이다.

이것이 플랫폼 비즈니스의 요체고, 공유경제의 핵심원리다. 산업문명 시절 무대 밑으로 밀려났던 소비자들을 다시 무대 위로 끌어올려서 그들을 생산자로 만들고, 또 99%의 피어들이 돈을 벌 수 있는 플랫폼을 제공하는 것이 공유경제다. 공유경제는 생산양식이 근본적으로 바뀌는 것이고, 경제의 작동원리도 달라지는 패러다임의 이동이자 문명의 이동 현상이다. 99%의 세상을 만들자는 블록체인, 그리고 앞장에서 설명한 코인경제(coin economy)의 요체도 바로 이것이다. 그러므로 블록체인은 공유경제의 완성체라 할 수 있다.

넷째, 2008년은 블록체인이 세상에 태어난 해다. 그 해 10월 사토시 나카모토의 'Bitcoin: A Peer-to-Peer Electronic Cash System'이라는 제목의 논문이 발표되었고, 이듬해 1월 비트코인의 제네시스 블록 채굴이 시작되면서 블록체인 생태계가 형성된 것이다.

퍼즐 조각이 착착 맞춰지면서 집단지성의 빅픽처가 드러나는 느낌이 들지 않는가? 인터넷이 지구촌에 거미줄(web)을 퍼뜨리더니 배후에 숨어 있던 지능을 가진 거미인간이 서서히 모습을 드러내고 있는 섬뜩한 느낌을 받는다. 블록체인은 집단지능을 장착한 스파이더맨이다.

하이퍼텍스트 기반의 웹1.0에 집단지성이 융합되면서 웹2.0으로 변해갔고, 평면적이었던 집단지성이 무르익고 형체가 생기면서 지능화되고 입체화된 웹3.0으로 진화가 일어난 것이다. 모든 문서들을 링크시켰던 하이퍼텍스트에서 모든 거래데이터를 링크하는 하이퍼레저로 진화한 블록체인은 웹3.0이다. 웹은 블록체인의 길을 예비했던 마중물이었다.

이처럼 블록체인은 정보의 이동뿐 아니라 자산과 가치의 이동까지 가능하게 하면서 새로운 비즈니스 생태계를 조성해가고 있다. 이것이 혁명이다. 1990년대 인터넷의 확산으로 시작된 웹 생태계가 세상을 뒤집어 놨었는데 그 바통을 블록체인이 이어받은 것이다.

CHAPTER 3
블록체인이 인공지능을 만났을 때

어거는 문어가 될 수 있을까?

블록체인의 본질을 한 마디로 요약하자면, 집단지성이다. 2008
년 뿌려진 블록체인 씨앗에는 집단지성이라는 생명이 들어 있다.
블록체인이 강인한 생명력을 갖는 것도 이 때문이며, 지능화된 생
태계를 만드는 힘도 여기서 나온다. 위키피디아에는 집단지성을 이
렇게 적고 있다.

"다수의 개체들이 서로 협력 혹은 경쟁을 통하여 얻게 되는 결과
이다. 쉽게 말해서 집단적 능력을 말한다. 소수의 우수한 개체나
전문가의 능력보다 다양성과 독립성을 가진 집단의 통합된 지성
이 올바른 결론에 가깝다는 주장이다."

집단지성이라는 용어는 미국의 곤충학자 윌리엄 모턴 휠러가 개미의 생태를 연구하면서 제시한 개념인데, 개체로는 미미하지만 공동체로서 협업(協業)을 통해 높은 지능체계를 형성하는 것을 발견한 것이다. 집단지성은 이후 이젠 많은 학문분야에서 연구되어 왔다. 99%의 지혜가 1%의 전문성을 넘어설 수 있는 것이다. 대중의 지혜를 모아보자는 것이 어거(Augur)의 아이디어다.

어거는 이더리움 기반의 분산형 예측 플랫폼 어플인데, 99% 피어들의 투표를 통해 결과를 예측한다. 예를 들어, 이번 월드컵의 우승팀은 누가 될까? 1%의 축구전문가들이 각종 통계자료와 과거 실적을 분석해서 예측할 수 있다. 그러나 그것이 얼마나 정확할까? 확률이 그리 높지 않다. 오히려 문어에게 물어보는 게 빠를지도 모른다. 만일 99% 지구인들이 예상 우승팀 투표에 참여한다면 정확히 맞출 것이다. 이것이 집단지성의 힘이고 어거의 사업모델이기도 하다.

〈어거 토큰〉
어거는 이더리움 기반으로 만들어진 분산형 어플리케이션(Dapp)으로서 예측플랫폼을 제공한다.

우생학을 창시한 영국의 유전학자 프랜시스 골턴(1822~1911)은 1907년 가축시장에서 재미있는 대회를 목도한다. 살찐 소 한 마리가 무대 위에 있고 소의 무게를 알아맞히는 게임이 벌어진 것이다. 실제 무게에 근접한 추정치를 써내는 사람에게 상금이 주어지는데, 약 800명 참가자 중 정확히 맞춘 사람은 단 한 사람도 없었다. 그런데, 평균을 내보니 놀라운 결과가 나왔다. 평균은 1,197파운드, 실제 소 무게는 1,198파운드였다. 그는 『네이처』에 게재한 논문에서 "구성원들이 특별히 박식하거나 합리적이지 않더라도 집단적으로 옳은 결정을 내릴 수 있으며 특별히 지적 능력이 뛰어난 사람들이 집단을 지배해야 할 이유가 없다"는 결론을 내렸다.

1%의 뛰어난 머리보다는 서로 소통하고 협업했을 때 발휘되는 99% 피어들의 지혜가 훨씬 더 위력적인 문제해결력을 가지고 있음을 증명한 셈이다. 예측 플랫폼 어거에 피어들이 모인다면 집단지성의 힘으로 많은 문제를 해결할 수 있다. 날씨는 어떨까? 피어들의 집이나 자동차에 온습도/풍향/풍속 센서를 부착하고 사물인터넷 망을 통해 데이터를 전송한다면 일기예보는 획기적으로 향상될 수 있다. 기상청이 슈퍼컴퓨터를 구매하고 빅데이터 분석가를 동원해서 한다고 해도 집단지성을 이길 재간이 없다. 기상청의 존재 기반이 흔들릴 수 있는 문제다.

어거는 금융시장도 겨냥하고 있다. 환율이나 선물거래에 적용한다면 리스크 헤징도 가능해질 수 있는 것이다. 이처럼 블록체인은 1% 금융전문가의 일자리를 빼앗을 수 있다. 블록체인이란 1%를 겨냥한 99%의 반란임을 기억하라. 또 블록체인은 집단지성이 장착된 웹3.0임도 잊지 말라. 어느 분야에도 집단지성이 접목된다면 기가 막힐 일이 벌어지게 될 것이다. 어거는 디지털 문어가 될 수 있을까?

인공지능 진영이 갖춰지다

그런데, 집단지성에 인공지능까지 융합되면 일은 걷잡을 수 없이 커진다. 둘의 만남은 2010년대 들면서 시작됐다. 2012년은 인공지능 연구의 분기점이라 할 수 있는 해다. 2012년 캐나다 토론토대학의 제프리 힌튼 교수가 이끄는 '슈퍼비전' 팀이 딥 러닝 기법으로 세계 최대 이미지 인식 경연대회 'ILSVRC(ImageNet Large Scale Visual Recognition Challenge)'에서 압도적인 차이로 우승하면서 딥 러닝 방식이 대세로 자리 잡게 되었던 것이다.

이전 인공지능 연구는 프로그래밍 방식이었다. 예를 들어, 개와 고양이를 구분시키려면 프로그래머가 일일이 개와 고양이의 차이점을 입력해야 했다. 뭐라고 입력해야 구분해낼 수 있을까? 그러나 딥 러닝(deep learning) 방식은 개와 고양이의 차이점을 프로그래밍하지 않는다. 프로그램을 짜는 것이 아니라 인공신경망을 만드는 방식이다. 일단 사람의 두뇌 구조처럼 인공신경망을 만들어놓으면 다음부터는 기계가 알아서 스스로 학습(machine learning)을 한다. 비유하자면, 물고기를 잡아다주는 것이 아니라 물고기 잡는 방법을 가르쳐주는 것이다.

딥 러닝이 가능해진 것은 빅데이터 덕분이다. 빅데이터라는 용어가 회자되기 시작한 것은 2011년경이다. 이전에는 '빅'이라는 형용사가 붙지 않았었다. 사람들이 스마트폰을 들고 다니면서 개와 고양이의 사진이나 동영상을 찍어 SNS에 올리기 시작했고, 엄청난 양의 데이터가 누적되면서 딥 러닝이 가능해진 것이다. 데이터가 인공지능의 밥이기 때문이다.

밥을 많이 먹어 똑똑해진 인공지능은 스스로 개와 고양이를 구분하기 시작했고, 이젠 종자까지도 알려주는 수준으로 발전했다. 이때부터 인공지능은 스스로 진화해갔고 인공지능이 어떻게 생각하고 추론하는지를 인간은 헤아릴 수 없는 지경에까지 이르렀다. 급기야 알파고가 2016년 이세돌을 이기게 되기까지 발전된 것이다.

인공지능은 소의 골격이나 근육발달상태, 건강 정도 등을 스캔해서 무게를 추정할 것이다. 그 결과값과 집단지성의 결과값을 합치면 소수점 단위까지 맞출지도 모른다. 월드컵 우승팀뿐 아니라 스코어까지 예측할 수도 있다.

일기예보는 이미 집단지성과 인공지능의 협업이 일어나고 있는 영역이다. 기술의 발달로 기기나 센서의 가격이 내려가고 있으며 사물인터넷(IoT)의 적용 범위가 늘어나고 있는 중이다. 사물인터넷이란 쉽게 말해 기기들에게도 스마트폰을 하나씩 쥐어주는 것이다. 사람들만 스마트폰을 들고 다니는 것이 아니라 모든 사물들에게 초소형/특정용도의 스마트폰이 지급되는 것이 사물인터넷의 개념이다. 안에 들어 있는 센서가 감지한 데이터를 서로 주고받으면서 자기들끼리 모든 일을 알아서 처리하게 된다.

자신의 집에 일기센서가 들어 있는 기기를 달거나, 웨어러블 기기를 부착하고 다니면서 실시간 데이터를 보내준다. 이 빅데이터를 인공지능이 분석하면 지역별/시간별 아주 정확한 날씨예측이 가능해질 수 있다. 피어들은 데이터를 제공해준 대가로 코인이나 토큰을 지급받는 것이다. 기상청의 슈퍼컴퓨터 구입비용이나 운영비, 인건비 등을 99% 피어들에게 나눠주자는 것이 블록체인의 정신이다. 다시 말해, 1%가 돈 벌어서 99%를 먹여 살리는 것이 아니라 같이 벌어서 같이 쓰는 경제생태계, 이것이 블록체인이 지향하는 코인경제의 거버넌스인 것이다.

이제 데이터가 돈이 되는 비즈니스 생태계로 변하고 있다. 하드웨어로서의 상품이나 서비스가 가치의 원천이었던 시대는 지나갔고 데이터가 가치를 창출하는 빅데이터 시대로 변하고 있는 것이다. 데이터는 21세기의 석유다.

그러나 아직까지 자동차 타고 다니면서 생기는 데이터는 버려지고 있다. 예를 들어, 블랙박스가 촬영하는 영상은 자율주행차를 연구하는 회사들이 목말라하는 데이터다. 그 데이터는 인공지능의 밥이며, 많이 먹으면 스스로 진화할 수 있다. 또 블랙박스 영상데이터가 쓰일 수 있는 분야는 무궁무진하다. 실시간 교통정보를 분석해서 가장 빠른 길로 안내해줄 수도 있고, 신호등 점멸도 자동적으로 조절하면서 원활한 도로상황을 만들어낼 수 있다. 도시 설계의 효율성도 증진된다. 여기에서 얻어지는 에너지 절감, 도로건설비 감소분을 99% 피어들에게 코인이나 토큰으로 지급할 수 있다.

특히 자율주행차는 사물인터넷의 보물창고다. 수많은 센서들이 빅데이터를 만들어내고, 빅데이터를 분석한 인공지능은 사물인터넷에 연결된 기기들에게 명령을 내리고, 다시 사물들은 데이터를 뱉어내고, 이런 식으로 순환되는 루프가 만들어진다. 사물인터넷, 빅데이터, 인공지능은 삼위일체의 관계다.

이렇게 인공지능 진영이 갖춰지고 있다. 집단지능 진영에는 공유경제와 블록체인이 버티고 있다. 이렇게 인공지능(A.I.)과 집단지능(C.I.)은 양대 축을 이루면서 대전환을 획책하고 있다. 둘이 만나면 무슨 일이 벌어질까? 두 핵(核)이 융합되면서 빅뱅이 일어난다. 그것이 4차산업혁명이다.

불확실성의 비용감소효과

3차산업혁명이 정보의 혁명이었다면 4차산업혁명은 지능의 혁명이다. 다시 말해, 지능화된 세상으로 변하는 것이다. 그렇다면 지능화되는 것은 어떤 경제적 영향을 끼치게 될까? 거래의 불확실성을 줄여줌으로써 비용이 절감되는 효과를 가져온다. 예를 들어, 화장품을 구매하는 상황을 생각해보자. 우리는 알게 모르게 상품을 주문하고 받는 과정에서 불확실성을 줄이기 위한 비용을 지불하고 있다.

첫째, 어떤 상품을 사야 하나? 혹 내 피부에 안 맞는 건 아닐까? 이와 같은 불확실성 때문에 믿을 수 있는 유명브랜드를 선호한다. 이렇게 불확실성을 제거하는 대가로 당신은 브랜드 로열티를 지불하는 셈이다. 지금까지의 마케팅이란 불확실성을 줄이는 활동이었다. 광고와 홍보를 통해 브랜드 신뢰도와 충성도를 제고하고자 했던 것이다.

둘째, 온라인 쇼핑몰에서 결제하는 것 역시 확실한 행위는 아니다. 결제는 했는데, 상품을 못 받을 수도 있지 않은가? 온라인 쇼핑몰과 카드회사는 신뢰를 담보해주는 대가로 중간수수료를 받는다. 셋째, 주문한 상품이 도착했는데 주문한 내용과 다를 수도 있고 불량품이 왔을지도 모른다.

200~300년 전 산업화가 일어나고 모르는 사람들끼리 도시에 모여 살게 되면서부터 경제행위의 불확실성은 높아질 수밖에 없었다.

마을공동체를 이루고 오순도순 살 때 느끼지 못했던 불확실성을 줄이기 위해 1%의 권력과 이익을 암묵적으로 인정해줬던 것이다. 그런데, 불확실성을 제거할 수 있다면 1%의 몫을 99%에게 분배할 수 있다. 이것이 피어들의 집단지성을 활용하자는 사토시의 아이디어였고, 블록체인의 사상이다.

여기에 인공지능까지 합세해서 상품구매과정의 효율성과 투명성이 획기적으로 높아지면 브랜드 거품이 꺼질 수도 있고, 중간거래자나 개입자의 입지는 좁아질 수밖에 없다. 상품의 가격은 제조원가인 20~30% 수준으로 떨어지게 될 것이다. 나머지 70~80%는 불확실성 해소에 대한 보상이었기 때문이다.

2부에서 언급했던 프라이빗 블록체인들도 이런 점에 착안한 것이다. 유통물류 부문을 블록체인화하는 것은 효율성/투명성/보안성 측면에서 엄청난 이익을 가져다주는 일이다. 상품 수출과 물류 사례를 다시 한 번 떠올려보라. 불확실성을 제거하기 위해 엄청난 비용이 들어가고 있다. 우리가 마시는 커피 가격 중 아프리카 커피 농부에게 돌아가는 몫은 얼마나 될까? 5%에 불과하다. 블록체인은 그들에게 돌아가는 몫을 50%로 올려줄 수도 있다.

신선도나 위생이 중요한 식품 공급체인관리 부문 역시 불확실성의 꼬리표가 따라다닐 수밖에 없었다. 블록체인과 인공지능이 결합되면 원산지부터 공급체인상의 모든 이력이 참여 노드들에게 투명하게 공개된다. 콘크리트 건물의 벽이 투명한 유리창으로 바뀐다고 상상해보라. 누구나 실시간 들여다볼 수 있게 된다면 불확실성은 제거된다. 불확실성의 제거는 비용 감소로 이어지고 경제적 효과는 증폭된다.

이렇게 블록체인이 인공지능과 손잡으면 99% 혁명의 꿈을 실현할 수 있다. 1%가 누려 왔던 권력과 이익을 분산화를 통해 99%에게 이동시킬 것이다. 블록체인의 본질은 분산화와 권력이동이다. 이 작업을 인공지능이 도와 DAO, 즉 탈중앙화된 자율적 거버넌스를 가능하게 해준다. P2P로 직접 연결되면서 중간에 개입되어 있던 조직이나 기관들을 분해할 것이고, 녹슨 파이프라인은 없애버린다.

정보의 검색을 넘어 가치의 검색으로

똑똑함(smart)의 경지를 넘어 전지적(mighty) 관점으로 입체화되는 것이 웹3.0이고 4차산업혁명의 요체다. 기존 웹 생태계에서는 불가능하던 자산과 가치의 이동이 가능해지는 것도 지능 때문이다. 자산이 인터넷 망을 통해 이전될 수 있고, 소유의 개념도 달라진다.

검색이라는 개념도 정보의 검색에서 가치의 검색으로 업그레이드 될 것이다. 우리가 검색어를 치면 구글의 검색로봇이 웹 세상을 돌아다니면서 긁어모아다가 눈앞에 갖다 바친다. 모든 텍스트들이 하이퍼링크되어 있기 때문에 가능한 일이다. 이렇게 구글은 세상의

146

모든 문서를 찾아줄 수 있다.

그런데, 구글이 못하는 일이 있다. 예를 들어, 당신에게 적합한 배우자를 찾고 싶은데 구글은 찾아줄 수 없다. 또는 어떤 프로젝트를 같이 할 사람을 찾고 싶은데 그런 역량을 가진 사람은 누구인가 물어봐도 구글의 검색은 한계가 있다. 어떤 지적재산권의 거래와 소유 현황을 알려주지도 못한다. 또는 질병을 치료하고 싶은데 그 분야의 전문의는 누구이고 수술의 경험과 결과를 검색할 수도 없다.

지금까지 웹2.0에서의 검색은 하이퍼텍스트 기반이었다. 그런데 하이퍼레저(hyper-ledger)인 블록체인 생태계에서는 거래 사실이나 인물, 평판 등등을 모두 검색할 수 있게 된다. 전지적 시점에서 세상을 한눈에 조망하고 있는 집단지성과 인공지능이 이를 가능하게 해주기 때문이다.

검색의 진화는 거기서 멈추지 않는다. 어느 분야의 전문가를 검색하면 어거의 피어들이 투표를 해줄 수 있고, 인공지능 비서가 실적과 평판 등을 분석해서 최적의 인물을 찾아줄 것이다. 인물사전에만 올라갈 수 있는 1%의 소위 전문가가 아니라 99% 속에 숨어 있던 고수를 발굴할 수도 있는 것이다. 이것을 검색이라는 단어로 표현하는 것은 왠지 흔쾌하지 않다. 이것은 정보의 검색 차원이 아니라 가치를 발굴하는 일이기 때문이다.

구글 혼자의 힘만으로 집단지성과 인공지능의 연합군을 이기지 못한다. 1998년 창업한 구글은 인터넷 사용행태를 서핑에서 서치로 바꾸면서 세계 최고의 기업으로 올라설 수 있었지만 블록체인의 구글을 꿈꾸는 기업에게 권좌를 내줄 수도 있다. 검색(search)이라는 용어도 발굴(seek)로 바뀔 수 있다는 말이다. 그것이 어거가 될지 누가 될지는 누구도 모를 일이지만 개연성 있는 시나리오다.

인터넷의 영향권에서 벗어난 업종이 없었듯이 블록체인 혁명에서 자유로울 수 있는 업종도 없다. 오픈 소스인 블록체인 기반의 플랫폼들이 계속 생겨나고 있는 중이다. 이는 마치 1990년대 인터넷이 활성화되면서 웹 생태계를 기반으로 넷스케이프, 야후, 이베이, 아마존, 구글, 알리바바 등의 온라인기업들이 골드러시를 하던 때를 연상시킨다. 웹이라는 새로운 기회의 땅이 발견되면서 수많은 벤처들이 몰려들었었고 20여 년이 지난 지금 이들은 세계적인 기업으로 성장해 있다.

지금 제2의 인터넷인 블록체인이 신대륙으로 부상하고 있는 것이다. 넷스케이프가 인터넷 브라우저를 만들면서 순식간에 대박을 쳤듯이 이더리움을 만든 천재청년은 벌써 억만장자의 대열에 올랐다. 블록체인 운영체제를 만들려는 스타트업들이 계속 생겨나고 있고, 블록체인 기반의 아마존, 블록체인 기반의 구글, 블록체인 기반의 페이스북을 꿈꾸는 회사들이 늘어나고 있다.

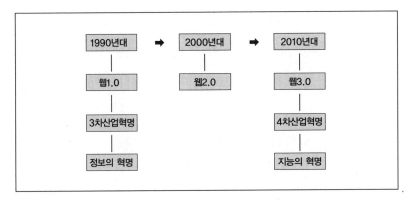

〈웹의 진화와 4차산업혁명〉

4차산업혁명은 인공지능과 집단지성의 융합으로서, 3차산업혁명이 정보의 혁명이라 한다면 4차산업혁명은 지능의 혁명이라 할 수 있다.

블록체인 기반의 회사들은 과거 재빨리 웹 기반으로 전환함으로써 3차산업혁명의 주역이 되었었던 아마존, 구글, 알리바바, 페이스북 등의 존재의 이유를 묻고 있다. P2P 거래에서는 아마존이나 알리바바라는 거래중개자도 필요 없어진다. 인터넷의 아버지라 불리는 팀 버너스 리는 페이스북과 같은 SNS 업체들이 인터넷이라는 오픈 플랫폼에 자신들의 영역을 구획 짓고 있는 것을 못마땅하게 여긴다. 인터넷은 그 자체로 오픈 플랫폼인데 거기다 울타리를 치고 돈벌이를 하고 있기 때문이다. 자연공원을 만들어 오히려 자연을 훼손한다는 논지다.

이처럼 거대 플랫폼기업들에게도 블록체인은 위협요인이다. 웹 생태계 자체가 오픈 플랫폼이기 때문이다. 금융업은 이미 사정권 안에 들어와 있고, 블록체인과 3D 프린팅이 손을 잡는다면 제조업도 존재의 이유를 잃어버릴 수 있다. 서비스업은? 제일 쉽다. 또 산업혁명의 산물인 기업이라는 조직 자체를 분해시켜 버릴 수도 있는 문제다.

지능을 가진 거인 블록체인은 우리가 상상하는 이상으로 세상을 바꿔놓을 것이다. 오픈 소스인 블록체인은 빠른 속도로 진화해갈 것이고, 여기에 인공지능이 가세하면서 걷잡을 수 없는 융합에너지가 발생하고 있다. 4차산업혁명을 집단지능과 인공지능의 융합이라 정의하는 것이 이런 맥락이다. 이 둘이 충돌하고 융합될 때 빅뱅이 일어나고, 비즈니스 생태계뿐 아니라 문명을 이동시키면서 인류의 인생관, 세계관, 가치관이 통째로 변하고, 당연한 귀결로 다른 양식의 삶을 살아갈 것이다. 블록체인이 4차산업혁명을 완수한다.

4

블록체인은
사회혁명이다

CHAPTER 1
블록체인이 몰고 오는 경제시스템의 변화

CHAPTER 2
건전한 사회를 위하여

CHAPTER 3
놀면서 돈 버는 세상이 온다

사람들이 무심히 무상으로 제공해주던 개인정보의 주권을 찾아와
토큰으로 보상받을 수 있는 블록체인 기반의 플랫폼이 나올 것이다.
99%의 데이터 주권회복운동을 가능하게 하는 프로토콜이 블록체인이다.

CHAPTER 1
블록체인이 몰고 오는
경제시스템의 변화

오스트리아 학파 vs 케인즈 학파

암호화폐에 가장 우호적인 경제학자들은 오스트리아 학파다. 신자유주의로 대별되는 이들의 경제관은 1%에 의해 운영되는 방식이 아니라 99%끼리의 자율적 게임을 통해 나타나는 자발적 질서를 중시하는데, 탈중앙화 자율적 시스템을 지향하는 블록체인의 사상과 동일한 유전자를 가지고 있다.

반면 암호화폐에 부정적인 견해를 보이는 경제학자들은 케인즈 학파다. 노벨경제학상 수상자이기도 한 폴 크루그먼 교수는 비트코인은 거품이고 사기고 골칫덩어리라고 혹평하는 입장이다. 그도 그럴 것이 케인즈 학파는 1929년 미국 경제대공황이 왔을 때 정부의 강력한 개입과 통화/재정정책을 통해 해결해야 한다고 주장한 존

케인즈(John Maynard Keynes, 1883~1946)의 이론을 계승하는 경제사상이기 때문이다. 실제 그의 『고용/이자 및 화폐의 일반이론』에 근거한 뉴딜정책은 미국 대공황을 타개한 신의 한수가 되었었다.

이렇게 오스트리아 학파는 99%에게 맡기자는 입장인 반면, 케인즈 학파는 1%의 통솔에 방점을 찍는 차이를 보이고 있다. 2차 세계대전과 전후 냉전체제를 거치면서 오스트리아 학파는 케인즈 학파에 비해 소수 의견으로 여겨졌던 것도 사실이다. 그러나 1970~80년대 경기침체를 거치면서 밀턴 프리드먼(Milton Friedman, 1912~2006)과 같은 신자유주의 경제학자들의 이론이 다시 각광을 받았고, 2008년 미국 금융위기 당시 등장한 비트코인은 99%의 혁명을 통해 새로운 경제시스템을 건설하자고 나오고 있는 것이다.

19세기 오스트리아에 모인 학자들은 애덤 스미스의 '보이지 않는 손'을 신봉했다. 이들의 이론은 "분산된 지식을 분권화된 경쟁체제가 얼마나 효율적으로 이용할 수 있는가"에서 출발한다. 즉, 서로 다른 가치체계와 지식을 가진 개인들이 서로 필요한 물건과 서비스를 주고받는 자율적이고 창발적인 시장경제관을 가지고 있는데, 이들은 경제를 '이코노미' 라고 부르는 것도 반대한다. 영어 '이코노미'의 어원은 고대 그리스어 '오이코노미아(oikonomia)'인데, 집이라는 뜻의 'oikos'와 관리한다는 'nemo'의 합성어다. 즉, 집을 잘 경영하는 학문 또는 기술이라는 의미를 내포하고 있다.

그런데 오스트리아 학파는 누군가가 누군가를 경영한다는 생각을 탐탁지 않게 여기는 것이다. 대신 카탈락티스(Catallactics)라는 용어를 사용하기도 했다. 교환학 또는 시장학이라 번역할 수 있는 카탈락티스의 어원은 고대 그리스어 카탈라테인(katalattein)인데, 교환하다, 커뮤니티 출입을 허가받다, 적에서 친구로 변하다 등의 의미다. 1%의 리더십에 의해 공동체(家)를 운영하는 것이 아니라 99% 피어들의 자율적 커뮤니티가 형성되어야 한다는 신념을 가지고 있는 것이다.

자생적으로 조화와 균형을 이루어 나갈 수 있는 자동 메커니즘이 시장의 본질이고, 시장에서 소비자와 공급자 간의 무계획적인 상호작용인 카탈락시 게임을 통해 자발적 질서(spontaneous order)가 나타난다는 오스트리아 학파의 경제관은 블록체인의 사상과 일맥상통한다.

또 오스트리아 학파는 제2차 세계대전 이전의 화폐제도였던 금본위제로 회귀하자고 주장한다. 이들은 정부가 주도하는 통화정책을 비판하는데, 금융위기도 여기서 기인했다는 것이다. 지금 우리가 사용하는 지폐는 실질적인 가치를 보유하지 않는다. 명목상 화폐(fiat currency)일 뿐이다. 중앙정부가 마음만 먹으면 얼마든지 돈을 찍어낼 수 있다. 태환할 수 있는 금과 같은 실물이 없는 상태에서 통화량만 늘어나면 인플레이션이 생기고 국가는 부도사태까지 갈

수 있다. 요즘 여기저기서 목도하고 있는 현실이다.

2008년 미국 금융위기도 이러한 맥락이다. 2차 세계대전이 끝나고 달러가 기축통화의 역할을 하기 시작했다. 전쟁은 미국에게 금을 몰아주는 결과를 낳았고, 세계 지도자들은 1944년 미국 브레튼우즈에 모여 당시 세계 금의 70%를 보유하고 있던 미국의 달러를 기축통화로 인정해주었다. 금 1온스에 35달러를 보장하는 금 태환제는 금본위제의 연장선상에 있는 것이었다. 그러나 '닉슨 쇼크(Nixon shock)'라 불리는 1971년 8월 15일에 발표한 달러와 금의 교환 정지로 금본위제는 공식적으로 폐지된다. 이후 국제통화제도는 현재와 같은 변동환율체계로 변했다.

사회적 신뢰인 통화를 운영하는데 있어 금을 확보하지도 않은 상태에서 양적 완화를 남발해온 미국의 지위는 흔들리기 시작했고, 결국 2008년 터진 것이다. 그 결과 비트코인이 등장했고, 사람들의 집단무의식은 암호화폐 열풍으로 이어졌다.

기업 비켜, 우리끼리 알아서 할게

오스트리아 학파가 말하는 자발적 질서(spontaneous order)가 블록체인이 추구하는 분산경제공동체의 거버넌스다. 즉, 블록체인이란 다양하고 분산된 개인들의 합의와 조정 매커니즘을 만드는 기술이며, 이것이 진정한 시장의 본질이다.

블록체인이 몰고 올 경제시스템의 모습을 상상해보는 것은 어렵지 않다. 정부나 대기업, 그리고 경제 관련단체들을 중심으로 작동되는 시스템이 아니라 그들의 역할이나 권한이 99% 피어들에게 이양되고 합의와 자율적 조정을 통해 작동되는 탈중앙화 자율적 시스템으로 변할 것이다. 블록체인의 본질은 DAO임을 잊지 말라.

자본주의 산업문명의 경제 패러다임이 소유와 경쟁이었다면 블록체인 생태계에서는 공유와 협업으로 바뀐다. 자본을 투입해서 산업을 일으키고 경쟁하면서 소유의 전쟁을 하는 것이 아니라 P2P 방식의 협업을 통해 자원을 공유하는 패러다임이다.

어떻게 이런 혁명적인 일이 가능할까? 블록체인은 분해의 기술이다. 분산화와 권력이동을 통해 새로운 거버넌스의 시스템을 만들 수 있다. 블록체인은 1순위로 산업시대 경제시스템의 주역이었던 기업부터 분해시키고 있다.

기업은 산업혁명의 산물이다. 200년 전에는 기업이라는 전문생산조직이 필요하지 않았다. 증기기관의 발달로 대량생산체제로 바뀌면서 대량(mass)이라는 새로운 경제패러다임을 감당할 수 있는 경제조직체가 생겨났고, 그것이 기업이다.

이전 사람들의 머릿속에는 회사라는 개념이 없었다. 일은 집(家)에서 했다. 대가족들이 마을공동체를 이루었고, 각자 집에서 만든 것을 물물교환하는 수준이었다. 우리가 쓰는 언어에 그 잔재가 남아 있다. 빵집, 한복집 등은 아직도 입에 붙어 있다. 재벌가라는 용어도 이런 맥락이고, 국가(國家)도 커다란 집이고, 이코노미도 집을 경영하는 기술이라는 의미다.

산업화되면서 회사(社)라는 용어가 생겨났다. 그리고 기업에 자본이 투하되면서 대형조직체로 진화해갔고 산업시스템이 형성된다. 본격적으로 산업문명이 태동된 것이다. 세계경제는 수직적 상승곡선을 그렸고 시스템의 중심에 서 있던 기업은 일등공신이었다. 그 대가로 권력과 이익을 누릴 수 있었다. 인터넷이 등장하기 전까지만 하더라도.

인터넷은 기업들에게 도전이자 시련이었다. 기업이 권력과 이익을 누릴 수 있었던 것은 정보가 권력이기 때문이다. 인터넷 망에 피어들이 접속할 수 없었던 때에는 정보를 기업이나 정부, 기관들이 독점할 수 있었지만 1990년대부터 정보의 비대칭 문제가 해소되는 인프라스트럭처가 조성된 것이다. 누구나 언제 어디서나 정보에 접속할 수 있고, 정보의 생산과 유통코스트가 제로로 수렴하면서 1%에서 99%로의 힘의 이동이 시작됐다.

이때부터 비즈니스 생태계가 요동쳤다. 전통산업들은 러스트벨트로 변해 가고 야후, 이베이, 아마존, 구글, 알리바바 등 스타트업들과의 역전이 일어났다. 현재 애플과 구글은 기업가치 1, 2위를 다투고 있고, 아마존, 페이스북 등이 그 뒤를 쫓고 있다. 우버는 웬만한 글로벌 자동차회사들의 기업가치를 추월했고, 에어비앤비도 힐튼호텔체인을 넘어섰다. 이동과 역전, 이것이 하이퍼텍스트가 지난 20년간 일으킨 변화였다.

그런데, 하이퍼레저가 일으킬 변화의 키워드는 분해다. 기업도 노후화되어 있다. 기업이 산업시대에 전성기를 누릴 수 있었던 것은 환경적합성을 가졌었기 때문이다. 공장에서 생산해서 유통과 프로모션을 통해 판매하려면 리더를 중심으로 하는 강력하고 일사분란한 조직력이 필요했지만, 연결과 융합의 생태계는 다른 세상이다. 온라인에 연결되어 커뮤니티를 이루고 있는 99%의 피어들이 함께 가치를 융합하는 방식으로 창출되는 부(富)가 기존의 가치 부가방식보다 더 생산적이라는 것이 입증되면 기업이라는 조직체는 순식간에 분해될 수 있다. "기업 비켜, 이제부턴 우리끼리 알아서 할게!" 이것이 금융위기 때 은행을 비키라고 했던 블록체인이 다음번에 할 말이다.

기업 분해의 징조들

이미 이런 조짐은 나타나고 있다. 기업조직을 대체하는 모델로 조합이나 사회적 기업 형태가 늘어나고, 기업의 구조도 달라지고 있다. 부장이니 과장이니 하던 직급 명칭도 바꾸는 기업들이 늘어나고 수평적 구조로 개편하는 것도 이런 분위기를 반영한다. 기존

158

구조로는 버틸 수 없는 환경변화가 일어나고 있는 것이다.

기업이 내부적으로 문제를 해결하는 것보다 외부와의 협업을 하는 것이 더 효율적이 되면 기업은 해체된다. 기업의 고용이 줄어드는 원인도 여기에 있다. 기업 입장에서 직원을 채용하고 관리하는 코스트보다 외부 네트워크를 활용하는 코스트가 낮다면 누가 고용을 하겠는가? 얼마 지나지 않아 기업 내부에는 인공지능 직원들만 남고, 문제해결은 외부 커뮤니티에 의뢰할 수도 있다. 오픈 이노베이션(open innovation)이 그것이다.

P&G는 오픈 이노베이션을 통해 재도약을 이루어낸 회사다. 기술 문제도 과학기술자 네트워크인 이노센티브(Innocentive)나 은퇴과학자와 엔지니어 모임인 유어앙코르(YourEncore) 등의 커뮤니티에게 자신의 문제점을 오픈하고 해결책을 공급받았다. P&G가 아무리 많은 우수 연구 인력을 보유하고 있다 해도 99%의 외부 집단지성에 견줄 수 있겠는가?

지금까지 내부 인력으로 문제를 해결하고 특허내고 하는 것이 대부분 회사들의 사업방식이었다. 그러나 집단지성을 활용한다면 지렛대 효과를 낼 수 있다. P&G의 오픈 이노베이션은 기술 문제에서 그치지 않았다. 신제품 아이디어의 50% 이상은 외부에서 얻고 있고 마케팅도 크라우드 소싱으로 해결한다. 2012년 P&G는 1,600명의 마케팅 인력을 감축한 적이 있다. 올드 스파이스의 "The Man

Your Man Could Smell Like"(낯선 남자에게서 내 남자의 향기가 난다) 캠페인이 2010년 유튜브 최다조회 기록을 달성할 정도로 큰 성공을 거둔 이후의 일이었는데, P&G가 마케팅 인력을 줄이는 이유가 전통적인 마케팅방식은 이제 유효기간이 지났다고 판단한 것이다. 대신 슈퍼블로거들과의 네트워킹을 통해 유튜브와 SNS를 활용하는 마케팅으로 전환하겠다는 의지의 표명이었던 셈이다.

경제는 효율성에 민감하다. 내부의 인트라넷(intra-net)보다 외부와의 인터넷(inter-net)을 활용하는 것이 코스트에 비해 생산성이 커지는 순간 기업은 분해된다. 지능을 가진 하이퍼레저인 블록체인이 이런 일을 가능하게 하는 것이다. 자본주의의 산물인 주식회사의 구조와 형태, 운영방식도 달라질 것이다. 토큰경제에서는 주주(share holder)가 중심이 아니라 커뮤니티에 참여하고 네트워크 활성화에 기여하는 피어들에게 토큰을 보상하고 토큰보유자(token holder)가 중심에 선다. 블록체인 생태계에서는 기업의 지배구조가 근본적으로 달라지는 것이다.

기업이 해체되는 또 하나의 요인은 '딜버트의 법칙' 때문이다. 딜버트(Dilbert)는 1990년대 스콧 애덤스의 만화 주인공 이름인데, 기업이라는 조직의 모순을 해학적으로 보여줘 샐러리맨들에게 폭발적인 인기를 끌었다. 가장 무능한 직원이 회사에 가장 적은 타격을 입히고 가장 먼저 승진하게 되는 아이러니를 딜버트의 법칙이라 부른다.

딜버트가 전 세계의 직장인 사이에서 공감을 얻었다는 사실은 기업이라는 조직방식으로는 더 이상 변화에 적응할 수 없음을 시사한다. 창의적이고 혁신을 외치는 직원은 조직의 골칫거리가 되어 받아들여지지 않고 밖으로 나가 창업을 하든가 프리랜서를 할 수밖에 없다. 진짜 고수들은 초야에 있다.

컨센시스의 실험

블록체인 시대 기업의 모습은 어떻게 변화될까? 잠정적으로 블록컴이라 칭하자. 블록컴은 수직적이고 중앙집중화된 기존 기업의 대척점에 있다. 분산화와 권력이동이라는 유전적 특질을 가진 블록체인이 탈중앙화 자율적 조직(DAO)을 만드는 기술임을 상기한다면 블록컴의 모습을 쉽게 상상해 볼 수 있다. 수평적 조직이며 네트워크 모델이다.

블록컴의 CEO는 리더가 아니라 컨설턴트일 뿐이다. 또 운영주체의 개입 없이 개인들이 모여 자율적으로 제안하고 투표를 통해 의사결정하고 운영되는 형태를 띨 것이다. 그들이 꼭 주주나 정식 직원이 아닐 수도 있다. 경우에 따라서는 토큰보유자도 포함된다.

『블록체인 혁명』에서 저자들은 컨센시스(ConsenSys)라는 기업의 이야기를 들려준다. 컨센시스는 이더리움 기반 디앱을 개발하는 회사인데, 부서 구분이나 하향식 업무할당이 없다. 모든 직원이 개발하고 수정하고 투표하고 합의된 계획에 따라 움직이는 방식이다. 연봉이나 인센티브도 스마트계약에 의해 결정되는데, 역할과 책임 그리고 보상수준을 미리 정해놓으면 된다. 이더리움의 공동개발자이자 컨센시스의 CEO인 조셉 루빈(Joseph Lubin)은 이렇게 말한다.

"모든 것을 공개하며, 자연스럽게 투명성이 확보됩니다. 인센티브는 명확하고 실체적입니다. …항구적인 디지털 ID나 신원, 평판 시스템 덕분에 우리는 더욱 정직해질 수 있고, 서로에게 더욱 예의바르게 행동할 수 있습니다." (『블록체인 혁명』, 175~176쪽)

이런 모습이 분권화된 자율조직, DAO의 특징이라 할 수 있다. 컨센시스의 실험이 어떤 결과를 낳을지 예측하기 어려우나 블록체인 스타트업 사이에서 비슷한 모델들이 시도되고 있다. 앞으로 기업은 조직 모델이 아니라 네트워크 모델을 채택할 것이다. 산업혁명이 생산주체를 집(家)에서 회사(社)로 바꿨다면 블록체인 혁명은 네트워크(網)로 분해시키는 것이다.

그러면 어떤 변화가 생길까? 직업이라는 개념이 사라진다. 직업도 산업혁명의 산물이다. 회사가 생기고 사회적 분업이 일어나면서 직업도 생겨난 것이다. 200~300년 전 사람들의 머릿속에는 직업이라는 단어가 없었다. 모여서 조직을 이루고 분업하는 방식에도 익숙치 않았다. 기업이 늘어나면서 경영학도 시작됐는데, 가장 먼저 연구된 분야가 과학적 관리론이다. 각자 집에서 자신들의 방식으로 일하던 사람들을 어떻게 조직화해야 생산성을 높일 수 있을까? 이것이 경영자들의 최초 관심사였던 것이다. 20~30년 후 사람들은 "왜 모여서 일해? 연결해서 일하면 되지"라고 말할지도 모를 일이다.

노동의 종말

알파고가 사회적 충격을 던졌을 때 인공지능이 대체할 직업이 무엇일까에 관심들이 쏠렸었다. 답은 간단하다. 모든 직업이다. 앞으로 일은 인공지능이 하게 된다. 산업화가 진척되면서 인간의 손과 발을 대체했던 기계 없이는 어떤 상품도 생산할 수 없게 되었듯이 앞으로 인간의 두뇌를 대체하는 인공지능 없이는 어떠한 생산이나 경제행위도 불가능해진다. 불편하지만 진실이다. 그리고 먼 미래의 이야기가 아니라 와 있는 미래 이야기다.

그런데, 이건 슬픈 이야기가 아니다. 제레미 리프킨의 표현처럼 노동의 종말(the end of the work)이 오면 노동은 인공지능에게 맡겨놓고 인간은 삶을 즐기면 된다. 이것은 해피엔딩 아닌가? 인간이 노동노예였던 시대가 끝나고 삶의 주인공이 될 수 있다. 우리는 이 세상에 살러 온 것이지 일하러 온 것이 아니다.

말은 그럴 듯한데 아직 좀 찜찜하다. "돈은 어떻게 버나?" 때문이다. 이런 생각이 드는 것도 산업시대의 관념에 머물러 있기 때문이다. 생각해보라. 우리 조상들이 동굴에서 살 때는 돈이 필요 없었다. 생활에 필요한 것은 자연에서 얻었고, 현대인들보다 삶의 만족도나 행복감이 높았을 것이다. 블록체인은 동굴로 돌아가자는 사상이다.

앞으로 우리가 쓸 물건은 인공지능 로봇이 만들어 갖다준다. 상품의 가격은 제로로 수렴할 것이다. 가치를 부가하는 코스트가 제로로 가기 때문이다. 자동차를 예로 들어 상상해보자. 자동차의 가치체인을 역으로 추적해가면 자연에 닿는다. 자연의 모래나 광물 등에서 재료를 채취하고 그것을 부품과 차체로 만들고 거기에 소프트웨어를 장착하는 것이 자동차의 가치체인이다. 그 과정을 지금까지 인간이 했기 때문에 단계마다 부가가치가 생겼고, 가격에 반영됐다. 그런데 채굴부터 운송, 제조, 조립 등을 인공지능 로봇이 한다면 부가가치가 발생하지 않는다. 당연한 귀결로 가격은 없다. 그뿐인가? 운전도 인공지능이 해주면 인간은 굳이 소유하려 하지 말고 공유하면서 그냥 타고 다니면 된다.

농사도 인공지능 로봇이 해서 요리까지 만들어 갖다 바칠 것이다. 소도 로봇이 키운다. 우리는 먹고 싶은 것이 있으면 근처 상점에 들어가서 그냥 들고 나오면 된다. 계산대에 가서 바코드를 찍을 필요도 없다. 공짜니까. 인간이 가치를 부가하지 않았으니 가격도 없다. 이게 어떤 모습인지 그림이 그려지지 않는다면 아마존고 (AmazonGo)를 보면 된다. 아마존의 실험은 미래 쇼핑 모습을 보여주는 예고편이다. 사람들이 아마존고에 들어가서 필요한 물건들을 그냥 들고 나온다. 점원도 없고 계산대도 없다. 아마존고 매장 곳곳에 각종 센서와 인공지능 등 첨단디지털 기술이 숨어 있어 자동으로 결제까지 이루어진다는 사실을 눈치채지 못한다면 영락없는 유토피아다.

인공지능 생태계의 인프라가 일단 갖춰지기만 하면 자동으로 돌아갈 것이고, 이것은 얼마든지 실현가능한 시나리오다. 우리는 놀면서 좋아하는 일을 즐기면 된다. 이 대목에서 또 한 번 반론이 일 것이다. "노는 것도 하루이틀이지 어떻게 일 안하고 놀기만 할 것인가?" 이런 생각 역시 자본주의 산업문명의 잔재다. 수천 년의 인류역사 속에서 일하던 사람들은 노예뿐이었다. 동굴에서 살던 조상들의 머릿속에는 일과 놀이의 구분조차 없었다.

블록체인은 우리에게 일거리와 놀거리를 제공해줄 것이다. 인공지능을 너무 무서워하지 않아도 된다. 인공지능을 컨트롤할 수 있는 유일한 대항마는 집단지성이다. 집단지성의 구현체인 블록체인 생태계는 99% 피어들의 연결과 융합으로 만들어가는 새로운 경제공동체다. 1%가 번 돈으로 99%가 살던 세상이 아니라 같이 벌어 같이 쓰는 민주적이고 공평한 경제시스템이다. 또 돈을 벌려고 1% 의 구령과 연출에 맞춰 99%가 일사분란하게 움직이는 신파극이 아니라 99%가 무대 위의 주인공이 되어 자신의 목소리를 내는 뮤지 컬이다. 블록체인 이야기는 흥미진진하다. 이것이 우리가 블록체 인에 더 흥분해야 할 이유이기도 하다.

CHAPTER 2
건전한 사회를 위하여

에리히 프롬의 꿈

에리히 프롬(1900~1980)이 살아 있었다면 블록체인을 가장 반기지 않았을까? 물질 위주의 자본주의가 인간의 자유를 억압하면서 소외시키고 공동체를 훼손시키는데 저항했던 에리히 프롬이 『건전한 사회(The Sane Society)』에서 진정한 의사결정은 마을회의와 같은 소규모 집단에서만 가능하다고 언급한 것은 블록체인의 정신과 동일하다. 블록체인은 글로벌 마을회의를 가능하게 만드는 기술 아닌가?

인터넷은 피어들에게 정보접속권을 허락하면서 합리적이고 현명한 결정을 내릴 수 있는 인프라스트럭처가 되어주었다. 에리히 프롬이 꿈꿨던 것처럼 정치가의 선동에 휘둘리지 않고 소규모 집단의 결정이라도 중앙 권력의 의사 결정에 직접적인 영향을 줄 수 있게 된 것이다. 블록체인은 거기에 한술 더 떠 집단지성까지 부여해주었다.

산업사회 1%에게 몰아줬던 권력을 99%가 되찾을 수 있게 되면서 정치와 사회시스템은 새로운 양상을 띠게 될 것이다. 우선 대의민주주의가 필요할까? 교육수준이 낮아 문맹률이 높고 소규모 집단이나 개인의 의견을 개진할 채널이 없었을 때는 똑똑하고 유능한 사람을 대리인으로 뽑아 국회로 보내는 방식이 매우 유용했다. 그러나 이젠 아니지 않은가? 최첨단기기를 하나씩 가지고 다니면서 연결하고 소통하는데 익숙해진 스마트몹들이 더 똑똑해지고 있다. 닫힌 울타리 안에서 그들만의 잔치에 빠져 있는 정치인들에게 국민들은 이미 식상해 있다.

기성 정치시스템에 염증을 느끼고 스트레스 수준이 임계점을 넘으면 스마트한 피어들이 전면에 나설 것이다. 블록체인이 그것을 가능하게 해주기 때문이다. DAO를 작동하게 해주는 디앱들이 준비 중에 있다. 일단 수많은 입법 커뮤니티들이 만들어질 것이다. 분야별 입법 커뮤니티에서는 경험이 풍부하면서도 전문지식이 있는 초야의 고수들이 훨씬 현실적이고 친서민적인 아이디어를 도출한다. 생각해보라. 1%의 닫힌 조직이 99%의 집단지성을 이길 수 있겠는가? 입법안은 분산형 어플리케이션(DApp) 상에서 토론과 검증을 거쳐 발의되고 피어들의 전자투표를 통해 결정될 수 있다. 물론 이 모든 과정은 투명하게 공개된다. 콘크리트 벽에 둘러싸여 있던 국회건물이 유리창으로 변하는 것이다.

국회의원에게 세비주고 국회를 운영하는데 들어가던 막대한 비용은 이 과정에 참여한 피어들에게 공평하게 분배될 것이다. 모든 프로세스는 스마트계약 플랫폼 상에서 자율적으로 돌아간다. 여기에 인공지능이 개입될 수도 있다. 사람이 직접 하는 것이 아니라 자신의 아바타, 즉 AI 비서를 보내면 된다.

지난 200년간 1%에게 맡겨놓았던 권력을 되찾아 오는 일을 블록체인이 가능하게 해주고 있다. 그런데, 이것은 입법부만의 문제가 아니다. 사법기관 역시 블록체인의 타깃이다. 공부 잘한 1%의 판사들에게 위임하는 대신 인생을 아는 99%의 스마트 피어들이 배심원 역할을 하면서 집단지성으로 문제를 해결할 수 있다.

전문분야별 고수들은 사법 커뮤니티를 활성화시킬 것이고, 그렇게 되면 재판의 모습도 달라진다. 재판정이 따로 있을 필요도 없고 판사 양쪽에 검사와 변호사가 있는 그림도 아니다. 온라인 마을회의에서 인공지능 로봇이 취재한 사건의 개요를 브리핑하면 분산형 어플리케이션 상에 있는 피어들의 토론과 투표로 판결을 내릴 수 있다. 솔로몬처럼 누구도 생각지 못한 묘책이 속출할지 모른다. 알파고가 이세돌도 예측하지 못한 묘수를 두듯이.

경찰이나 검찰의 역할도 블록체인 기반에서 피어들이 대신할 수 있다. 1%와 99% 중 누구의 취재를 더 신뢰할 수 있겠는가? 이미 영상이나 빅데이터가 넘쳐나면서 벌거벗은 사회(Naked Society)로 진입해 있다. 사법부의 조직과 기능이 축소되는 데에서 절감되는 비용은 공헌도에 따라 피어들에게 코인이나 토큰으로 분배될 수 있다.

한때 권력을 1%에게 위임하고 무대 아래로 내려와 자유를 잃어버리고 소외되었던 99%의 르네상스, 이것이 에리히 프롬이 갈망했던 건전한 사회의 모습이고, 그것이 집단지성과 인공지능의 융합으로 구현되고 있는 것이다.

탈중앙화 자율적 정부의 모습

블록체인 혁명은 사회전체로 확산된다. 행정부는 어떻게 변할까? 이미 에스토니아, 두바이, 싱가포르 등에서는 개혁이 시작되었다. 종이서류부터 손보고 있다. 신원증명자료, 재산 및 소득증명자료 등 모든 데이터를 암호화하여 블록으로 만들고 체인상에 분산 저장한다. 아날로그의 종이원본처럼 변형과 위조를 불가능하게 만들기 위함이다. 이렇게 되면 우리가 구청이나 동사무소, 등기소 등에 갈 일이 없어진다. 공인인증서로 인터넷상에서 발급받지 않아도 된다. 디지털 ID만 있으면 모든 일들이 자동적으로 이루어지는 것이다.

이것이 우리 실생활을 어떻게 변화시키는지 생각해보자. 예를 들어, 청년수당이나 연금 등을 신청하려면 각종 등본, 증빙자료 등 많은 서류를 떼어서 접수처에 첨부해야 했다. 그런데, 그럴 필요 없이 나의 디지털 ID만으로 접수가 끝난다. 담당공무원의 책상 위에 서류가 사라지고, 심사과정은 투명하게 공개되고 결과도 공유된다. 여기에 비리나 조작 등이 개입할 여지가 없다.

여행할 때 출입국 심사대 앞에 줄을 서지 않아도 된다. 디지털 ID가 여권을 대신하기 때문이다. 좀 더 센서 기술이 진화해서 생체인식까지 이루어지면 출입국 심사대마저 필요 없어진다. 세관 심사 역시 대폭 간소화된다. 투명해진 벌거벗은 사회에서 어떻게 속일 수 있겠는가? 앞에서 얘기한 아마존고의 모습을 떠올려보라.

벌써 좀 신나지 않는가? 그런데 블록체인의 활약은 지금부터다. 단지 종이서류가 디지털 ID로 대체되는 것만으로도 정부의 조직이 대폭 줄어들지만 여기서 멈추지 않는다. 접수나 심사도 피어들이 블록체인 기반 디앱 상에서 직접 할 수 있다. 공무원들의 역할을 대신하는 대가로 토큰을 지급받는다. 공무원 급여나 조직 운영비 등의 정부 예산이 99% 피어들에게 분배되는 셈이다. 블록체인의 본질은 분산화와 권력이동임을 상기해보라. 공시 준비하겠다고 노량진의 한 평짜리 방에서 쪼그리고 자지 않아도 되고 시험장에 줄서지 않아도 된다는 얘기다.

행정부의 어느 부서가 이러한 쓰나미로부터 자유로울까? 어거 등과 같은 예측플랫폼의 집단지성과 인공지능이 힘을 합치면 훨씬 월등한 정책을 수립할 수 있다. 집행은 스마트계약에 의해 자율적으로 이루어진다. 법(法)의 정의도 달라진다. '코드가 법(Code is Law)'이 되는 세상이 블록체인 생태계다. 이것이 DAG(Decentralized Autonomous Government, 탈중앙화 자율적 정부)의 실체다.

정부가 사라지면 어떻게 되나 너무 불안해하지 않아도 된다. 지금의 정부 역시 산업문명의 유물일 뿐이다. 마을회의체는 충분히 기존의 정부를 대신할 수 있다. 아니 더 잘할 것이다. 이미 관료조직의 문제점은 드러나 있다. 똑똑한 사람 뽑아 바보로 만드는 관료조직은 기업조직보다 딜버트의 법칙이 더 잘 맞아떨어지는 곳이다.

현재의 정부시스템으로는 사회 발전에 저해되는 법과 규제와 제도를 혁신하는데 한계가 있다. 예를 들어, 블록체인 관련해서도 블록체인 생태계는 아주 빠른 속도로 진화하고 있는데 정부는 개념조차 잡지 못하고 우왕좌왕하고 있다. 99%의 공동체인 블록체인이 더 빠르고 효율적이고 투명하고 공평하고 혁신적인 DAG를 만들 수 있다. 블록체인은 정부의 개념조차도 바꾸면서 새로운 거버넌스를 완성할 것이다.

국가의 미래

정부의 개념과 기능이 달라지면 당연한 귀결로 국가에 대한 관념

도 바뀐다. 국가의 역사도 그리 길지 않다. 대부분의 나라들은 100
~200년 전만 하더라도 왕조였지 국가의 형태가 아니었다. 지금과
같은 국경으로 나누어진 것도 오래전의 일이 아니다.

　블록체인은 물리적인 국경을 허물고 국가의 개념을 바꿀 것이다.
글로벌 마을회의체가 형성되면 개별국가의 의미가 희석되기 때문
이다. 이미 변화는 예고되었었다. 1990년대 마이크로네이션이라는
신조어가 출현했다. 마이크로네이션(Micronation)은 독립국가라고 주
장하나 주요 국제기구나 세계 각국 정부로부터 인정받지 못하는 집
단을 의미한다.

　마이크로네이션 중에는 1인 국가도 있다. 자기 집 옥상에 올라가
깃발 하나 꽂고 개국을 외치는 사람도 있다. 돈키호테는 미친 사람
이 아니다. 개인이 실제 독립을 선포하였다고 주장하면서 통화나
깃발, 여권, 메달, 우표, 이외에도 국장이나 국기, 헌법, 사법부, 입
법부, 행정부 등을 만들기도 한다. 이젠 개인도 개국할 수 있는 "짐
이 곧 국가"인 시대로 변하고 있는 것이다.

　이런 현상을 루이 14세와 같은 일부 사람들의 치기로 치부하기에
는 상황이 녹록하지 않다. 기존 국가제도에 실망과 염증을 느낀 사
람들은 마이크로네이션으로 몰려가고 있다. 2015년 세르비아와 크
로아티아 국경 다뉴브강가에 세워진 난지도 크기만 한 리버랜드에
는 신청자가 넘쳐났었다. 마이크로네이션은 벌써 수백 개에 이른다.

페이스북이 중국과 인도에 이어 세계 3위 인구대국이라는 우스
갯소리가 있었지만 단지 웃어넘길 일만은 아니다. 페이스북이라는
플랫폼에서 사람들이 얘기 나누고 생활하는데 물리적 국경이 무슨
의미가 있겠는가? 중국이 구글과 페이스북에 만리장성을 친 것도
온라인 플랫폼의 위력에 위협을 느끼기 때문이다.

〈마이크로네이션〉
국제사회에서 인정받지 못하지만 스스로를 독립국가라 칭하는 마이크로네이션이 늘어나고 있다. 사토
시 나카모토가 프로그래밍한 비트코인도 새로운 경제공동체를 건설하고자 한 것이다.

마이크로네이션이나 온라인 플랫폼은 아니지만 에스토니아나 벨
라루스 등은 외국인에게도 전자시민권(E-Residency)을 발급해주고 있
다. 국민으로서의 정식자격을 부여하는 시민권이나 비자를 허용하
는 영주권은 아니지만 디지털 ID를 주는 것이다. 전자시민권이 있

으면 온라인상으로 회사를 설립할 수 있고, 계좌를 만들고 결제 등 금융서비스도 이용할 수 있다. 에스토니아의 파격적인 세금 혜택에 매료돼 법인 이동을 염두에 두고 전자시민권을 취득하는 한국인 창업가가 늘어나고 있는 실정이다.

이러한 사례들이 국가의 미래를 예고하는 현상들이다. 하이퍼레저 유전자를 가진 블록체인은 본격적으로 국가의 해체에 나설 것이다. 법정화폐보다 암호화폐의 미래를 더 밝게 보는 사람들이 늘어나는 이유도 여기에 있다. 국가도 부도나는 시대가 되었기 때문이다.

교육혁명

한 국가의 미래를 보려면 그 나라의 학교에 가봐야 한다. 학교는 사회의 핵이다. 그런데 가장 변화에 느린 사회시스템이 현재의 학교다. 변화의 속도를 따라가지 못하면서 은행이나 기업이나 정부보다 더 노후화되어 버렸다.

한 건축가의 얘기를 들으면서 실소를 금할 수 없었다. 학교의 건축디자인과 교도소가 똑같다는 것이다. 정말 그렇지 않은가? 가운데 운동장이 있고 건물이 둘러서 있다. 통제와 감시가 편한 구조다. 99%의 학생이 중심이 아니라 1%의 교사가 중심인 것이다. 이런 틀 속에서 무슨 창의적인 교육혁신이 일어나겠는가?

학교도 산업혁명의 산물이다. 산업혁명 이전에는 대중들은 교육을 받을 수 없었고(아니 받을 필요가 없었고) 교육은 귀족이나 상위신분층의 전유물이었다. 그런데 산업혁명이 일어나서 기계가 힘센 노예들의 육체노동을 대체할 수 있게 되자 글을 읽을 수 있고 계산을 할 수 있는 정신노동자가 필요하게 되었고, 노동력을 확보하기 위해 대중을 교육시킬 필요성이 생긴 것이다. 그것이 학교라는 정부 주도의 대량교육시스템이었다. 이때는 국영수(國英數)가 중요했다.

평등교육을 기치로 내건 학교는 산업사회의 훈련소 역할을 잘 감당했다. 국영수를 뗀 졸업생들은 기업으로 투입되었고, 자본주의 경제는 수직 성장했다. 교육은 표준화되었고 지식은 교과서 안에 박제되었다. 노동자를 양성하던 훈련소가 교도소와 닮아 있는 것은 우연의 일치만은 아닌 것이다.

그런데 국영수 위주 교육은 21세기에도 건재하다. 교과서는 구글을 따라잡을 수 없고, 집단지성과 인공지능은 인간의 두뇌를 대체해가고 있다. 앨빈 토플러는 『부의 미래』에서 학교가 공장에서 제품을 대량생산해 내듯이 학생들을 규격화하고 있고, 관료적으로 관리되며, 강력한 교원노조와 정치인들의 보호를 받다보니 혁신되지 않는다면서 다음과 같이 학교의 문제점을 지적했다.

"교육적인 실험들이 늘어나고 있음에도 불구하고 미국 공교육의 핵심 부문은 여전히 산업시대에 걸맞게 만들어진 공장식 학교로 남아 있다. 10마일로 기어가는 교육체제가 100마일로 달리는 기업에 취업하려는 학생들을 준비시킬 수 있겠는가?" (『부의 미래』, 67쪽)

세상은 빛의 속도로 이동하고 있는데, 학교의 변화속도는 1/10밖에 안 된다고 꼬집고 있는 것이다. 학교는 아직도 대량교육 패러다임에서 벗어나지 못하고 있으며, 복제인간을 찍어내는 공장 수준에서 업그레이드되지 못하고 있다. 변화의 소용돌이 속에서 오히려 사회문제의 진원지로 전락하고 있는 학교는 과연 존재의 이유가 있을까? 결국 학교는 분해될 것이다. 패러다임에 적합성을 갖지 못하는 유기체는 어느 것도 생존이 불가능한 것이 자연의 이치 아니겠는가?

페이팔의 창업자이자 『제로투원』의 저자 피터 틸은 '틸 장학금(Thiel Fellowship)'을 만들었다. 장학금이라 하니 대학 등록금을 지원해주는 것으로 생각할 수 있지만 틸 장학금은 반대다. 대학을 중퇴하고 창업하는 조건으로 10만 달러를 지원해주는 프로그램이다. "대학교 1학년 때 배운 것은 2학년이 되면 무용지물이 될 수 있고, 4년은 너무 길며, 대학은 새로운 것을 가르쳐주는 것이 아니라 새로운 것을 못하도록 막는 곳"이라는 것이 그의 변이다.

이더리움 창시자 비탈릭 부테린도 틸 장학금의 수혜자다. 부테린은 ICT 분야의 세계적인 명문인 워털루 대학에 입학했지만 곧 그만두고 이더리움 개발에 전력한다. 대학이라는 제도와 틀은 오히려 걸림돌이 될 수도 있다고 판단했을 것이다. 빌 게이츠가 하버드졸업장에 연연했다면 마이크로소프트를 세울 수 있었을까? 인텔 8080을 처음 보고 필이 꽂힌 빌 게이츠는 폴 앨런과 함께 베이직 언어 개발에 들어갔고, 아예 여기에 전념하기 위해 대학 대신 차고를 선택했다. 스티브 잡스 역시 대학을 계속 다녔더라면 다른 생각(think different) 대신 규격화된 생각에 머물러 있었을지 모른다.

우리네 교육 문제는 정말 심각하다. 이대로 가다가는 인간은 인공지능의 아류로 전락하게 될 것이다. 이 문제를 어떻게 해결할 수 있을까? 1% 교육전문가들의 통념으로는 도저히 풀 수 없는 지경에까지 꼬여 버렸다. 집단지성의 힘으로 해결할 수밖에 없다.

블록체인 생태계가 무르익으면 아이들의 교육은 블록체인 기반의 교육 커뮤니티에서 담당하게 될 것이다. 이 커뮤니티에는 부모뿐 아니라 교사, 코치, 친구들, 그리고 오랜 경험을 가진 각 학문분야의 고수들이 모여 있다. 이들은 한 학생의 유전자와 성격, 적성, 관심사, 관계 등을 분석해서 개인 맞춤화된 교육솔루션을 제시할 수 있다. 모든 일들이 분산형 어플리케이션(DApp) 상에서 이루어지고 가치는 토큰으로 교환된다. 아이는 자유롭게 여행을 하고 사람들을 만나면서, 또 온라인에 접속해서 필요한 강의를 듣거나 아르바이트를 하는 방식으로 교육을 받는다. 1%가 99%에게 가르치는 것이 아니라 99%가 두레에서 서로 품앗이하듯 지식과 경험을 공유하는 것이다. 여기에 교과서나 학제, 졸업장 등은 존재하지 않는다.

학습과 취직의 경계도 없다. 16년 후 학교를 졸업하고 취업하는 것이 아니라 일이 공부고, 공부가 곧 놀이고 놀이가 사업이 된다. 교도소 콘셉트의 학교건물과 울타리도 사라지고 사무실이나 연구소 등과의 융합이 일어난다. 이것이 평생교육의 개념이기도 하다. 산업혁명 이전 1%의 귀족들이나 받을 수 있었던 최고급교육과 인생컨설팅을 99% 피어들 모두가 동등하고 공평하게 대접받을 수 있는 세상, 여기가 블록체인 생태계다.

교육의 미래에 대해 너무 우울해하지 않아도 된다. 지금 지구 어딘가의 차고 안에서 블록체인 기반의 교육플랫폼 설계에 골몰하고 있는 이단아가 있을지 모르기 때문이다. 또 탈중앙화 분산형 정부와 국회, 재판시스템을 구현할 수 있는 어플리케이션의 출현이 임박했을 수도 있다. 블록체인에 좀 더 흥분해도 되지 않겠는가?

블록체인이 인류를 다른 세상으로 데리고 들어가는 가이드 역할을 하고 있다. 분권화되고 평등한 99%의 사회, 자본과 물질이 중심이 아니라 인간이 무대의 중심에 서는 인류공동체, 이것이 선구자들이 꿈꾸던 민주주의의 모습 아니겠는가?

CHAPTER 3
놀면서 돈 버는 세상이 온다

영웅신화와 거인환상

블록체인은 산업문명이 만들어놓은 모든 가치체인을 분해시킬 것이다. 예외는 없다. 국가도 사라질 수 있는 판에 어떤 기관이 예외가 될 수 있겠는가? 블록체인은 올림픽도 변화시킬 수 있다. 왜냐하면, 지금의 올림픽은 1%의 축제이기 때문이다. 1%의 대표선수들이 무대에 올라 연출하는 각본 없는 드라마에 99%의 사람들이 박수치고 감동받는 것이 올림픽의 구조인데, 블록체인은 99% 피어들을 무대 위의 주인공으로 세우자는 사상 아니던가? 올림픽은 99%들이 참여하는 온라인 마을운동축제 형태로 변하게 될 것이다. IOC는 어떻게 되는가? 분산화와 자율성을 추구하는 블록체인은 IOC와 같은 중앙통제기구를 허용하지 않는다.

역사가 이제 120년 좀 넘은 올림픽이나 IOC도 산업문명의 유물이고 노후화되어 있다. 99%의 올림픽으로 바뀌면 1%에 들지 못해 상처받고 좌절하는 선수들도 줄어들 것이고, 재능은 뛰어나지만 자본의 세례를 받지 못하는 개천의 용들에게도 공평한 기회가 주어질 수 있다. 또 스포츠에 별 관심이 없다고 소외되지도 않는다. 옛날 동네운동회를 떠올려 보라. 할머니들도 모두 나와서 뭐라도 하고 기념품이라도 타 간다.

이제 영웅의 시대는 가고 있다. 사람들은 영웅신화의 구조를 가지고 있는 위인전을 좋아한다. 위인전을 좋아하는 심리는 거인환상 때문이다. 그 이야기의 구조 속에 자신의 삶을 대입시키면서 자신이 마치 그러한 거인이 된 듯한 환상에 젖는 것이다. 거기에는 달콤하고 묘한 맛이 있다. 그러나 이것은 일시적으로 사람들을 환각상태에 빠뜨리는 마약과 같은 것이다. 올림픽에 환호하는 심리도 실은 동일한 맥락에서 나온다.

21세기 최첨단 과학세계를 살아가는 스마트몹들의 머릿속에 영웅신화의 원형이 남아 있다는 사실은 아이러니다. 부모들은 아직도 이러한 신화에 얽매어 있다. 자녀들에게 위인전을 쥐어주면서 이처럼 되라고 아이들에게 강요한다. 영웅전이나 위인전에 나오는 단면만 돋보기로 비추면서 이래야 성공할 수 있다고, 그러한 영웅들을 닮으라고 경쟁시키면서 아이들의 본성과 타고난 달란트를 훼손시키고 있다. 영웅들도 우리와 똑같이 밥 먹고, 오줌 누고, 똥 싸고, 섹스하고, 욕하고 싸우는 사람이라는 것을 아이들에게 가르쳐주는 부모는 별로 없다. 그저 비교하면서 아이들에게 상처주고 주눅 들게 하는 것이다. 비교는 죄악이다.

또 영웅신화는 사람들을 착시현상에 빠지게 한다. 부모가 강요하는 신화적 환상은 아이들에게 현실감각을 떨어지게 만들며, 자칫 열등감과 부정적인 마인드를 갖게 만드는 역작용을 일으킬 수 있는 것이다. 신화는 무서운 힘을 가지고 있다. 고정관념을 만들고 틀을 굳게 해서 여간해서는 깨지지 않는다. 그런 사람은 유연한 사고를 하기 어렵고, 상대방을 이해하고 포용하지 못하고 자기주장만 하게 된다. 당연한 결과로 블록체인 시대의 가장 중요한 덕목인 협업능력이 훼손된다.

이제는 1%가 되라고 해서는 안 된다. SKY가 공부의 목표점이 되어서도, 대기업 앞에만 줄 서 있어도, 공무원 채용만 바라봐서도 안된다. 정부는 청년들의 일자리 창출을 절대 못한다. 블록체인이 모든 직업을 없애고 기관과 조직, 심지어 정부마저 분해하는데 그것이 무슨 소용 있겠는가?

우리사회에 만연해 있는 세속적이고 권위적인 가치관이 바뀌지 않는다면 블록체인은 재앙으로 다가올 것이다. 블록체인은 모든 사람이 다름을 전제로 한다. 다른 생각과 다른 행동의 조화를 통해 사회적 진화를 모색하는 것이 집단지성의 특징이다.

내가 곧 미디어

블록체인은 영웅을 발가벗겨 무대 아래로 끌어내리는 기술이다. 그리고 99% 피어들을 무대 위로 올려 자신만의 유일한 삶의 주인공으로 만든다. 블록체인 생태계에서는 모든 일이 P2P 방식으로 자율적으로 작동된다. 블록체인의 핵심이 DAO임을 잊지 말라.

몇 가지 시나리오를 생각해보자. 누구나 기자가 될 수 있다. 피어들의 손 안에는 최첨단기기가 있다. 우연히 어느 지역을 지나다가 사고현장을 목도했다고 가정해보자. 그 사건을 가장 먼저 알릴 수 있는 사람은 당신이다. 사진과 동영상을 찍어 블로그나 SNS에 올리면 네트워크를 타고 퍼져나갈 것이다. 그것은 하나의 기사이고, 신문사나 방송국이 사진이나 동영상을 인용하거나 조회할 때마다 미리 설정해놓은 저작권에 관한 스마트계약에 따라 당신에게 토큰이 지급된다.

어느 기자가 사건을 예상하고 미리 카메라를 들이대놓고 있겠는가? 기자들의 수를 다 합치더라도 99%의 기동성과 현장성을 무슨 수로 당할 수 있겠는가? 조금 더 취재하는 수고를 한다면 당신이 특종을 터뜨릴 수도 있다.

어릴 적부터 기자의 꿈을 갖고 재능이 있다면 꼭 신문이나 방송국 앞에 줄 설 필요 없다. "내가 곧 미디어"가 될 수 있기 때문이다. 시빌(Civil)과 같은 스타트업들은 탈중앙화 뉴스 플랫폼을 지향한다. 콘텐츠 생산자가 중간플랫폼을 거치지 않고 직접 판매하는데, 가격, 수익공유방법, 광고, 저작권 지급방법 등은 직접 설정할 수 있다.

이 플랫폼 안에는 저널리즘 자문위원회, 관리자, 뉴스 제작자, 시티즌, 팩트 체커 등이 있다. 언론계 전문가들로 구성된 독립적인 단체인 저널리즘 자문위원회는 시빌 네트워크에서 분쟁이 발생하면 이를 조정하는 역할을 하고, 관리자는 헌장에 따라 뉴스룸을 관리하면서 운영에 대한 책임을 진다. 물론 헌장은 뉴스 제작자와 독자의 승인에 따라 만들어진다. 누구나 뉴스 제작자로 참여할 수 있다. 사진 기자와 영상 기자를 포함한 모든 기자, 에디터, 일러스트레이터, 자료조사관 등 뉴스룸 콘텐츠를 만드는 모든 사람이 뉴스 제작자에 해당한다. 시티즌은 뉴스 소비자다. 시티즌은 시빌에서 발행하는 이더리움 기반의 암호화폐 CVL 토큰으로 기사 열람권을 살 수 있다. 월 구독료가 아니라 기사 단위, 비디오클립 단위로 소액결제 가능하기 때문에 내가 보지도 않을 모든 기사를 덩어리째 구독할 이유가 없다. 또 피어들은 팩트 체커로 활동할 수도 있다. 저널리즘의 기본인 '사실'을 확인하는 팩트 체커로 높은 평판을 얻는다면 뉴스 제작자들은 유능한 팩트 체커를 찾게 될 것이고, 이는 곧 플랫폼 내 중요한 보조 시장이 창출되는 것으로 이어진다.

이렇게 블록체인은 신문이나 방송 등 미디어산업을 분해할 것이다. 콘텐츠들이 모듈로 쪼개지고 중간사업자를 거치지 않고 P2P로 직거래된다. 이와 같은 지각변동 앞에서는 넷플릭스나 아마존도 안녕하지 못하다. 블록체인 생태계에서는 중간자와 편성표 자체가 없어질 수도 있기 때문이다.

콘텐츠의 미래

구글 역시 블록체인에게 위협당하고 있다. 구글은 애드센스 (AdSense)라는 광고 프로그램을 통해 재능 있는 블로거들과 유튜버들이 돈을 벌 수 있는 플랫폼을 제공해주고 있다. 이런 점에서 구글은 블로그 생태계 조성의 일등공신이었고, 또 자신도 세계 최고의 기업으로 폭풍 성장할 수 있었다. 그러나 애드센스에 가입되어 있는 블로거나 유튜버라면 자신에게 주어지는 몫이 얼마나 적은지 체감할 수 있다. 블록체인이 P2P 직거래가 가능한 탈중앙화 플랫폼을 형성해 간다면 애드센스의 입지는 좁아질 수밖에 없는 것이다.

블록체인은 음악 저작권자, 제작자, 사업자들 간의 갈등도 해결해줄 수 있다. 음악제작자와 멜론이나 아이튠즈 등의 음원플랫폼 간의 수익배분문제는 늘 골칫거리다. 그런데 블록체인은 중간플랫폼을 없애고 콘텐츠 생산자와 콘텐츠 소비자를 직접 연결시켜 준다. 음원을 듣는 순간 제작자에게 토큰이 지급되는 스마트계약에 의해서. 애플이나 멜론은 어떻게 될까?

아날로그 필름의 대명사였던 코닥은 사업구조를 바꿔가고 있다. 블록체인 분야에도 뛰어들었는데, 사진작가와 수요자를 직접 연결시켜주는 플랫폼인 코닥원(Kodak One) 사업이 그것이다. 이젠 예술도 블록체인과 결합되고 있다.

출판 분야도 마찬가지 상황이다. 책이 판매되더라도 작가에게 돌아가는 몫은 10% 인세뿐이다. 나머지 90%는 서점, 미디어, 출판사가 나누어 갖는다. 또 독자들 입장에서는 읽고 싶은 부분만 따로 구매할 수도 없다. 책을 통째로 사야만 한다. 반면 작가 입장에서는 종이책의 분량을 채우려면 중언부언해야 한다. 최소 200쪽 이상은 돼야 책의 형태가 갖춰지기 때문이다. 비효율적인 모순 아닌가? 책의 콘텐츠 역시 모듈화될 것이고, 저자와 독자 간의 P2P 직거래 형태로 바뀔 것이다.

또 출판의 개념도 변하고 있다. 종이에 인쇄하는 형태만이 출판이 아니고 블로그에 쓰는 것도 출판행위다. SNS도 마찬가지다. 얼굴책(facebook)도 책인 것이다. 블록체인 기반의 SNS인 스팀잇(Steemit)과 아카샤(AKASHA)가 새로운 출판의 패러다임을 노리는 스타트업이다. 블록체인 생태계에서는 누구나 작가가 될 수 있고, 정당한 대가를 지급받을 수 있어야 한다.

〈스팀잇(Steemit), 아카샤(AKASHA), 비토큰(Bee Token), Open Bazaar〉

데이터의 주권회복운동

21세기를 빅데이터 시대라 부르는 것은 데이터가 가치의 원천이기 때문이다. 산업시대에는 자본과 상품이 가치를 창출했었다. 그러나 사물의 가치가 제로로 수렴하면서 데이터의 가치가 커지고 있는 것이다.

그런데 많은 사람들이 데이터의 중요성을 간과하고 방치하고 있다. 예를 들어 보자. 우리가 병원에 가서 검사를 하거나 치료를 하면 의료데이터는 병원이 소유한다. 만일 A병원에서 B병원으로 옮기면 검사부터 다시 시작해야 한다. A병원과 B병원이 의료정보를 공유하지 않기 때문이다. 환자 입장에서는 비용과 시간이 이중삼중으로 들뿐 아니라 자신의 의료정보조차 소유하지 못한다.

187

나의 의료데이터를 내 스마트폰 안에 가지고 있다면 이런 문제점을 해소할 수 있다. 또 요즘은 의료데이터가 병원에서만 만들어지지 않는다. 집에서 당이나 혈압을 재기도 하고, 웨어러블 기기를 통해 걸음 횟수, 수면상태, 맥박 등도 체크한다.

이런 데이터들을 탐내는 회사들이 많다. 제약회사나 연구소 등에서 신약 개발할 때 나의 의료데이터를 제공하고 대가를 받을 수 있다. 특히 DNA 연구 등 헬스 케어 분야는 빅데이터에 목말라하고 있다. 그래서 실리콘밸리에서는 군비경쟁(arms race)이라고까지 표현하는데, 데이터양의 싸움이라는 의미다. 이처럼 의료데이터는 병원이나 의료기관에게 돈이 되는 것인데, 지금까지 피어들은 자신의 의료데이터의 소유주가 되지 못하고 있었던 것이다.

블록체인은 주권을 찾아줄 수 있다. 의료데이터의 소유주가 피어들이 되면 병원의 분해는 시작된다. 이미 인공지능이 의사의 역할을 대체해가고 있는 상황에서 블록체인까지 가세한다면 일은 커진다. 의사가 기피직종으로 전락할 수 있고, 의사의 사회적 신분 역시 200년 전 상황으로 되돌아갈지도 모른다.

개인정보는 어떤가? 우리가 순순히 동의해준 개인데이터와 위치정보를 가지고 돈 버는 것은 플랫폼기업들뿐이다. 피어들의 개인정보는 매스미디어를 통한 광고에 회의를 느끼고 새로운 커뮤니케이션 인프라스트럭처를 찾는 기업들에게는 정말 가치 있는 보물과 같은 것이다. 누가 보는지 또는 실제 타깃인지 아닌지도 모르는 상태로 공중에 쏟아 붓는 전통적인 방식으로 광고비를 날리는 대신 개인정보를 토대로 1:1 마케팅을 벌이는 것을 원하고 있기 때문이다.

이젠 시장이 달라지고 있다. 시장이 스마트폰과 PC안으로 들어가면서 개인이 있는 곳이 곧 시장이며, 움직이는 동선 자체가 시장으로 변하고 있는 것이다. 즉, 시공간의 경계가 사라지고 있다. 그러므로 이동하는 위치정보, SNS나 메신저 등을 통한 대화내용, 신용카드 사용내역, 검색 내역 등은 기업들이 필요로 하는 마케팅 데이터가 될 수 있다. 지금까지는 사람들이 무심히 무상으로 제공해주던 개인정보의 주권을 찾아와 토큰으로 보상받을 수 있는 블록체인 기반의 플랫폼이 나올 것이다. 99%의 데이터 주권회복운동을 가능하게 하는 프로토콜이 블록체인이다.

신인류의 출현

기초소득제도는 개인데이터 제공에 대한 대가와 연관될 수도 있다. 즉, 단지 사회복지 차원의 최저생계비 보장이라는 관점이 아니라 국민들이 활동하면서 생성하는 모든 생활데이터를 제공하는 대가를 기초소득이라는 명목으로 지급받을 수 있다는 얘기다. 재원은 새로운 세금을 통해서 조달할 수 있다. 예를 들어, 데이터 활용세와 같은 것을 신설할 수도 있다. 데이터를 활용해서 가치를 만드는 기업들은 부가가치세를 내지 않는다. 그들의 비즈니스는 원재료를 구매해 거기에 가치를 부가해서 판매하는 방식이 아니기 때문이다. 데이터를 활용해서 가치를 융합하는 방식이다. 그런데 기존의 세금제도와 법규로는 이런 방식에 세금을 부과할 법적 근거가 없다. 유럽에서 구글이나 페이스북 등에 적용되는 새로운 과세방식을 만들려는 것이 이 때문이다.

빅데이터는 4차산업혁명 시대의 소중한 자원이다. 석탄을 집어넣어야 증기기관이 가동되고 석유가 있어야 에너지가 만들어지듯 정보시대에는 데이터를 처리해야 가치가 창출된다. 100여 년 전만 하더라도 많은 사람들은 시꺼먼 액체덩어리인 원유를 방치했다. 그러나 석유의 잠재가치를 알아차렸던 미국의 사업가 록펠러는 미국 정유공장의 90%와 운송회사의 80%를 장악하고 강에 내버리던 가솔린을 처음으로 자동차 연료로 사용해서 세계 최고의 부자가 될 수 있었다.

곧 데이터의 가치를 깨달은 피어들의 데이터 주권회복운동은 갈수록 거세질 것이다. 그 중심에 블록체인이 있다. 평균 교육수준이 높아지고 최첨단기기로 무장한 피어들은 갈수록 똑똑해지고 세를 규합해가고 있다. 더 이상 수동적인 대상이 아니다. 이러한 변화는 1990년대 인터넷의 확산 이래 시작된 것이지만 집단지성이 무르익으면서 인류의 유전자도 진화하게 된 것이다. 기업이 생산해주는 상품/서비스를 소비만 하는 소비자도 아니고, 무대 위 마이크에서 흘러나오는 일방적인 설교를 듣던 청중도 아니다. 스스로 생산하는 호모 프로듀스, 주위에 적극 추천하고 홍보하는 호모 세일즈쿠스, 또 남들과 공유하는 호모 엠파티쿠스라고 표현할 수도 있겠다. 신인류가 출현한 것이다.

루브 골드버그의 장치

미국의 만화가 루브 골드버그(Rube Goldberg, 1883~1970)는 아주 재미있는 연쇄장치를 만든 것으로 유명한 인물이다. 자동 등긁기 기계나 자동으로 조작되는 냅킨(self-operating napkin)과 같은 것인데, 이를 통해 아주 단순한 일을 매우 복잡하게 하는 우스꽝스러운 연쇄장치를 통해 현대 사회를 풍자했다.

냅킨으로 입 한번 닦으려면 여러 단계를 거쳐야 한다. 그냥 손으로 닦으면 되지, 뭐 하러 필요 없는 절차를 밟아야 할까? 그러나 골드버그 연쇄장치가 우리사회의 모습이다. 해외송금 이야기를 다시 해보자. 산업화 이전 오순도순 마을공동체에서는 면대면(face-to-face)으로 만나서 직접 주면 끝났다. 공동체가 해체되고 시간과 공간적으로 떨어져 살게 되면서 해외에 있는 사람에게 돈을 주려면 스위프트라는 골드버그 연쇄장치를 거쳐야 했다. 그러나 온라인 마을회의인 블록체인은 과거처럼 직접(peer-to-peer) 줄 수 있게 해준

다. 블록체인은 집단지성의 힘으로 시간과 공간의 경계를 허무는
파괴자다.

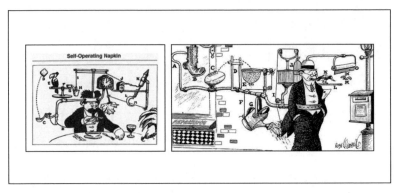

〈루브 골드버그 장치〉
미국의 만화가 루브 골드버그(Rube Goldberg, 1883~1970)는 아주 재미있는 연쇄장치를 만든 것으로
유명한 인물이다. 자동 등긁기 기계나 자동으로 조작되는 냅킨(self-operating napkin)과 같은 연쇄장
치를 통해 아주 단순한 일을 매우 복잡하게 하는 우스꽝스러운 현대 사회를 풍자했다.

본인 인증 절차도 다단계다. 공인인증서를 사용하려면 중간에 여
러 기관의 역할이 필요했다. 신뢰를 담보하기 위해서다. 또 본인인
증을 위해 데이터가 이동통신사까지 갖다올 때도 있다. 블록체인
생태계가 조성되면 디지털 ID만으로 간단히 신원이 확인되고 중간
의 기관이나 조직은 존재의 이유가 없어지게 된다. 내 손으로 등 긁
으면 되고, 냅킨을 집어 입 닦으면 되는 것이다.

또 산업화가 일어나면서 생산자와 소비자도 시공간적으로 분리
되었다. 시공간의 격차를 동기화(synchronization)해주는 것이 시장,

즉 유통산업이었다. 유통업도 다단계를 거치는 골드버그 체인이다.

현대 사회를 들여다보면 온통 복잡하고 우스꽝스러운 골드버그 장치들의 조합이다. 블록체인은 장치를 해체하는 분해술이다. 그리고 중간에 있던 모든 장치의 역할을 피어들이 직접 하면서 돈을 벌 수 있다. 중간에 있던 직장이 모두 사라지면 취직이고 월급이고 하는 개념도 사라진다. 피어들은 네트워크상에서 커뮤니티와 연결해 자신이 좋아하는 일을 놀듯이 하면서도 수익을 창출할 수 있다.

입법 커뮤니티나 사법 커뮤니티에서 활동할 수도 있고, 예술가나 작가가 될 수도 있고, 데이터를 생산할 수도 있다. 자신의 적성과 비전에 부합하는 업을 하면서 삶을 즐기는 것이다. 앞서 얘기했듯이 생활비도 별로 들지 않는다. 인공지능 로봇들이 집도 지어줄 것이고, 운전도 해줄 것이고, 먹을 것 입을 것 만들어서 갖다주니까. 생필품들은 가게에서 들고 나오면 되고, 소유하지 않고 공유한다면 생활용품도 많이 필요하지 않다. 기타 용돈 정도는 기초소득으로 충당할 수 있다.

상상 속의 유토피아 이야기 같지만 실은 동굴에서나 오손도손 마을공동체에서 그렇게 살던 시절이 있었다. 이렇게 복잡해지고 불투명해지게 된 것은 불과 200~300년 사이 벌어진 현상일 뿐이다. 블록체인은 회귀운동이다. 구름 위에 모여 에덴동산을 재현해보자는 것이다.

블록체인의 혁명은 성공할 수 있을까? 1%의 저항도 만만치 않을 것이고 기존 제도와 법규와의 충돌도 불가피하다. 그러나 혁명이란 어느 날 갑자기 한밤중에 자고 있던 안방으로 쳐들어오는 것임을 잊어서는 안 된다.

5

블록체인은
새로운 가치방정식이다

CHAPTER 1
가치체인의 역사와 골드버그 장치의 노후화

CHAPTER 2
가치융합방정식의 원리

CHAPTER 3
블록체인 시대의 마케팅전략

블록체인은 소비자를 무대 위로 올리는 기술이다.
지금까지 무대 아래서 1%가 연출하는 연극을 관람하면서
박수 쳐주던 99%가 무대 위로 올라가서
자신만의 스토리를 만들어가는 것이다.

CHAPTER 1
가치체인의 역사와
골드버그 장치의 노후화

20년 회고록

블록체인이라는 거대한 물결이 덮치면서 기업이나 스타트업들은 대응책에 부심하고 있다. 무언가는 해야 할 것 같은데 아무것도 안 하고 앉아 있자니 뒤쳐질 것 같아 불안하고, 그런데 막상 해보려 해도 무엇을 어떻게 해야 할지 막연한 것이다. 또 코인들의 가격이 오르내리고 ICO 열풍이 부는 바깥 분위기도 심상치 않은 것을 보면 혁명적인 전환이 임박한 것은 분명한데 지금까지 해오던 관성이 남아 있어 바꾸기도 쉽지 않다.

어떻게 해야 하나? 답을 찾기 위해 시계를 20년 전으로 돌려보자. 인터넷이 급속히 확산되고 웹 생태계가 조성될 초창기의 상황은 어땠는가? 크게 두 부류로 나뉘었다. 웹이라는 신대륙이 기회의

196

땅임을 재빨리 알아차리고 그리로 항해해갔던 벤처들과 전통적 경계를 지키던 빅브라더 그룹이다. 넷스케이프, 야후, 이베이, 아마존, 구글, 알리바바 등이 전자에 속한다. 한국에도 인터파크, 다음, 네이버, 싸이월드 등의 창업이 이어졌다. 반면 후자의 대응은 홈페이지를 만드는 정도였다. 당시 그들의 홈페이지는 전자카탈로그를 디지털화하는 수준이었다. 즉, 오프라인의 텍스트를 온라인으로 옮겨놓았을 뿐이다.

양자 간의 상황인식이 달랐고, 비즈니스의 문법도 반대였다. 산업시대의 굴뚝산업은 생산과 판매를 통해 돈을 벌어왔고 전성기를 지나면서 큰 부를 창출했었지만 신생 인터넷기업들은 생산하는 상품도 없었고 영업망도 없었고 광고도 하지 않았다. 심지어 수익모델조차 없었다.

구글의 예를 들어보자. 1998년 스탠포드에서 박사논문을 쓰던 세르게이 브린과 래리 페이지는 자신들이 논문주제로 정한 '페이지랭크(PageRank)'라는 검색알고리즘을 가지고 검색엔진을 만든다. 그것이 구글인데, 그들은 검색을 돈 받고 판매하지 않았다. 더 재미있는 것은 www.google.com 사이트에 접속하면 빈 화면에 검색창 하나 달랑 있다는 점이다. 배너광고라도 붙여야 수익이 생길 텐데 아무것도 없다. 대학원생이었던 두 창업자는 상업적인 광고를 싫어했다고 한다. 또 검색이 끝났으면 다른 블로그나 사이트로 이동하라고 쫓아낸다. 구글 사이트에 머물라고 하지 않는다. 구글은 울타리가 없는 셈이다.

전통사업의 관점에서 보면 사업의 '사' 자도 모르는 순진한 청년들의 취미생활 정도로 치부될 수도 있다. 그런데 어떻게 기업가치 1, 2위를 다투는 글로벌 기업으로 폭풍 성장할 수 있었을까? 구글뿐 아니다. 웹이라는 신대륙은 환경이나 생태계가 기존 대륙과 달랐고, 거기서 사업하는 기업들은 생산과 판매가 아니라 연결과 융합을 통해 돈을 벌었다. 그들은 이상하게 잘 됐고 20년이 지난 현재 우리는 이 스토리의 결말을 알고 있다.

또 다시 웹 생태계는 3.0환경으로 진화하고 있다. 그것이 블록체인이다. 블록체인은 인공지능과 융합되면서 4차산업혁명을 일으키고 있다. 지진은 쓰나미로 변했고, 이와 같은 거대한 쓰나미에 어떻게 대비하고 혁신해야 할 것인가의 해답은 지난 20년의 역사에서 찾을 수 있을 것이다. 달라진 가치방정식을 이해하고 새로운 문법에 맞게 이노베이션하지 않고서는 혁명군에 의해 점령당한다. 그리고 무늬만 치장하는 것은 소용없다. 근원적인 체질이 바뀌고 비즈니스 프로세스도 리엔지니어링해야 한다.

그렇다면 새로운 가치방정식은 무엇인가? 블록체인 속에 숨어 있는 빅픽처를 밝히기 위해 가치방정식이 어떻게 변해왔는가를 추적해보자.

가치체인의 변천사

이번엔 시계의 태엽을 산업혁명이 한창이던 200년 전으로 더 돌려보자. 증기엔진의 개발로 촉발된 산업혁명은 생산의 시대를 열었다. 이전에는 생산(production)이라기보다는 제조(make)의 수준이었다. 또 판매라기보다는 서로 물물교환하는 방식이었다.

그러다 산업혁명의 결과 기업이라는 전문생산조직이 필요해졌고, 경제의 중심도 마을공동체에서 기업으로 이동했다. 산업혁명 이전 지구상에 도시의 비율은 3%도 안 됐었다. 마을은 도시화되었고, 일의 분업화가 일어나면서 사회의 구조도 근원적으로 달라질 수밖에 없었다.

경제시스템도 변화됐다. 생산과 소비가 시공간적으로 분리된 것이다. 그 결과 분리된 생산자와 소비자를 연결시키는 파이프라인이 필요해졌는데, 상품이라는 사물을 이동시키는 파이프라인이 유통(distribution)이고 정보를 이동시키는 파이프라인이 미디어(media)다. 이러한 순환을 원활하게 하기 위해서 금융이 생겨났고, 금융은 피의 역할을 담당하면서 자본주의 경제시스템의 심장으로 자리 잡았다.

산업시대의 새로운 틀, 즉 가치체인(value chain)이 짜진 것이다. 가치의 체인은 척척 맞물리면서 잘 작동했고 경제는 수직상승하면서 풍요로운 사회로 변해갔다. 산업화 초기에는 공급이 수요를 따라가지 못했지만 점차 시장에는 물자들이 넘치게 되었다. 20세기는 발명의 시대였다. 전기와 전파의 사용으로 새로운 발명품들이 만들어졌고, 두 차례의 세계대전을 치르면서 과학기술은 엄청난 발달 속도를 보였다.

루브 골드버그의 연쇄장치는 최상의 컨디션이었고, 각 단계를 넘어갈 때마다 부가가치가 창출되면서 경제의 선순환도 일어났다. 가치부가(value added)방식이 산업시대의 가치방정식이었다. 골드버그의 연쇄장치들은 수많은 산업을 만들어냈고, 회사들이 성장하면서 많은 노동자들을 고용했고, 그들이 받는 월급은 생활비로 쓰면서 돈이 돌고 도는 선순환시스템을 만들어냈던 것이다. 이때가 산업문명의 전성기였다.

그러나 과유불급, 또 영원한 것은 없다. 골드버그 체인들은 과부하가 걸리고 녹이 슬면서 노후화된 것이다. 또 이제는 그렇게 복잡하고 거추장스러운 다단계 장치가 필요 없어졌다.

골드버그 체인을 그렇게 만든 건 디지털이었다. 제2차 세계대전이 끝나고 본격 시작된 컴퓨터 연구는 빠른 발전을 보였고, 1980년대에는 개인들에게도 보급될 수 있게 되었다. 그러나 일반인들도 인터넷에 접속할 수 있게 된 1990년대 이전까지는 1%의 전유물이었을 뿐이다. 인터넷이 확산되면서 본격적으로 디지털 시대가 열렸고, 모든 피어들이 P2P로 연결될 수 있는 인프라스트럭처가 조성되면서 골드버그의 체인은 시간과 비용만 잡아먹는 거추장스러운 장치로 변해갔다.

이메일을 P2P로 보내면 빛의 속도로 전달되는데 굳이 우표 붙여 우체통에 넣고, 그걸 수거원이 우체국으로 가져다 분류하면 집배원이 자전거 타고 배달해주는 골드버그 연쇄장치가 필요할까? 인스턴트 메신저가 나오고 스마트폰 시대가 되면서 이런 일은 한방에 끝난다. 뉴스는 인터넷에 들어가서 보면 되는데, 굳이 인쇄잉크 냄새 맡고 손에 기름 묻혀가며 종이신문을 유료로 구독해야 하나? 돈을 송금하는 것도 내 구좌와 상대방 구좌의 숫자가 바뀌는 시대에 골드버그 체인에 연결되어 있어 시간과 비용만 부풀리는 그 많은 중간기관과 금융회사들은 왜 존재해야 하는가?

인터넷은 시간과 공간의 경계를 허문 사건이었다. 산업시대에는 시공간의 격차를 해소하기 위해 필요했었던 골드버그 체인은 세상이 바뀌면서 점점 고철덩어리로 변하고 있다. 이와 같이 인터넷이 닦아놓은 길에 블록체인이 등장했다. 인터넷이 가치체인을 노후화시켰다면 블록체인은 본격적으로 해체작업에 나선 것이다. 집단지성을 장착한 블록체인은 인간의 경계까지도 허문다. 신뢰와 신용의 문제를 해결하고 자산과 가치의 이동까지 가능하게 하는 것이다. 골드버그의 가치체인이 해체될 수밖에 없는 당위성이다.

골드버그 장치의 해체가 시작되다

자, 그렇다면 이젠 분명해졌다. 당신 사업이나 직업이 골드버그의 가치체인상 어딘가에 있다면 유효기간이 얼마 남지 않았다. 그런데 문제는 거의 모든 산업이 여기에 둥지를 틀고 있다는 점이다.

블록체인 혁명에 가장 근접한 산업은 금융업이다. 태생이 은행이 하던 일을 99% 피어들이 P2P로 하겠다고 시작된 것이니까. 골드버그의 체인을 돌고 돌아가던 송금의 문제해결책은 이미 나와 있다. 곧 사람들이 송금할 때 은행시스템을 활용하지 않게 될 것이다. 대출도 P2P로 이루어질 수 있다. 문제는 온라인상에서의 신원확인, 신용평가와 신뢰의 담보였다. 사회가 투명해지고 공정해지면 디지털 ID 하나로 해결될 수 있다. 블록체인은 콘크리트 건물을 통유리 건물로 바꾸는 기술임을 명심하라.

그러면 앞으로 은행은 무슨 일을 하게 될까? 보험업 역시 태풍의 눈 안에 있다. 오순도순 마을공동체 시절부터 보험은 존재했었다. 두레, 품앗이, 계 등이 있었고 어느 집에 문제가 생기면 온 마을이 힘을 합쳐서 해결해주었다. 십시일반(十匙一飯)이 그런 뜻 아닌가? 가장이 병들거나 죽으면 자녀들 양육도 공동으로 책임졌다. 도시화의 결과 보험이 산업화된 것이다. 그런데 피어들이 매달 내는 보험료 중에서 실제 혜택으로 돌아가는 돈은 얼마나 될까? 또 보험 청구부터 심사, 지급까지 골드버그의 체인을 거쳐야 한다. 블록체인이 얼마나 기다려줄까?

자산운용사나 투자회사는 전문성을 견지할 수 있을까? 어거와 같은 집단지성 플랫폼과 로보 어드바이저가 머리를 맞대면 개인에게 적합한 투자 상품을 검색해서 계약까지 일사천리로 해주고, 수익률도 관리해준다. 골드버그의 체인을 거치지 않고도 모든 일이 자동으로 이루어지는 것이다.

앞으로 10~20년 후에는 금융의 개념이 변해 있을 것이다. 예금, 대출, 송금 등은 은행의 업무가 아니고, 보험, 투자, 자산운용 등도 피어들이 P2P로 한다. 많은 사람들이 구호단체들의 앞날을 우려한다. 매달 당신이 내는 30,000원의 후원금 중 구호단체 운영비와 송금수수료 등을 제하면 실제로 아프리카 어린이에게 전달되는 돈은 얼마나 될까? 또 모든 과정은 콘크리트 벽 안에서 이루어졌었다. P2P 인프라스트럭처가 구축되면 구호단체들이 큰 타격을 입을 것이라고 예측하는 사람들이 많은 이유가 여기에 있다.

돈이 오가는 모든 거래는 암호화되어 중간사업자를 거치지 않고 P2P로 바뀔 것이다. 신원, 신용, 신뢰 때문에 거쳐야 했던 골드버그의 체인을 암호화 방식으로 단순화하는 것이다. 그런데 생각해보면 돈이 개입되지 않는 경제행위는 없다. 상품을 사는 것도, 음식을 배달해서 먹는 것도, 여행을 가고 교육을 받는 것 등도 모두 돈이 오가는 거래행위다. 블록체인의 치외법권 영역은 없다는 얘기다.

그렇다면 유통업이나 미디어 역시 존재의 이유가 없어지지 않겠는가? 상품은 직거래하면 되고 콘텐츠의 생산자와 소비자도 P2P로 거래한다. 미디어 산업의 해체는 이미 많이 진행되고 있다. 20세기 대중의 눈과 귀로 들어가는 정보의 길목을 장악함으로써 거대권력이 되었던 언론사들의 위상과 입지는 갈수록 좁아지고 있다. 블로그와 SNS는 그들이 누리던 권력과 이익을 피어들에게 이양했고, 99% 피어들이 만들어낸 집단지성인 블록체인 기반의 스타트업들은 결정타 한방을 준비하고 있다.

신문사가 더 이상 돈 버는 사업이 아니라는 사실은 이미 그들도 알고 있다. 신문광고 단가는 처절할 정도로 내려갔고, 광고주들이 언론권력의 눈치 봐서 광고를 게재해주던 시절은 지나가고 있다. 기사를 생산하고 인쇄해서 지국과 영업소를 거쳐 배포하던 골드버그 체인은 분해되고 신문사들의 사업도 기획행사나 콘퍼런스 등으로 중심이동하고 있다.

방송사의 사정도 마찬가지다. 우리나라의 경우 1990년대 초반만 하더라도 TV 채널은 3개밖에 없었다. 지금은 케이블, 위성, 종편 등 TV채널만도 수백 개에 이른다. 여기에 인터넷방송과 팟캐스트, 또 MCN(Multi Channel Network) 산업까지 형성되면서 레드오션으로 변했고, 넷플릭스, 훌루(Hulu), 아마존 등은 시청플랫폼 자체를 옮겨가고 있는 중이다. 이제 방송3사의 광고수익을 합쳐도 네이버 한

회사에 못 미칠 정도다.

  방송 콘텐츠의 유통도 골드버그 체인 방식이다. 미디어는 블록체인의 사정권 안에 이미 들어 있다. 엔터테인먼트와 동영상, 게임 분야의 신생회사들은 이젠 블록체인을 기반으로 스타트한다. 또 기성회사들도 블록체인 방식으로 전환해가고 있다. 신문사나 방송국 등매스미디어의 골든타임은 얼마 남지 않았다.

	가치체인 (가치부가방식)	블록체인 (가치융합방식)
가치창출의 원천	생산 – 판매	연결 – 융합
체인의 구조	• 일방향 – 경쟁 • 수직적 구조 • 순차적 • 단속성	• 다방향 – 협업 • 수평적 구조 • 순환적 • 연속성(seamless)

〈가치방정식의 차이(가치체인 vs 블록체인)〉
상품/서비스를 잘 만들어 잘 팔면 성공하던 시대는 지나갔다. 이젠 블록체인 생태계의 가치융합방정식을 적용해야 한다.

  유통업은 대표적인 중간사업자다. 생산자와 소비자의 중간에서 시간과 공간의 격차를 해소해주고 협상, 주문, 결제, AS, 정보제공 등의 기능을 담당하면서 거대산업으로 발전할 수 있었다. 그러나 파이프라인이 녹슬고 노후화되어 버렸다. 기존 유통회사들이 하던 일 정도는 이제 피어들이 직접 할 수 있게 되었고, 굳이 골드버그의

체인을 빙 돌아올 필요가 없는 것이다.

백화점이나 오프라인 매장은 쇼룸으로 전락하고 있고, 골목상권까지 침범하는 대형할인점에서는 고객들이 영혼 없는 쇼핑을 할 뿐이다. 이들의 구매기준은 오직 싼 가격이다. 온라인 쇼핑몰의 사정은 좀 나을까? 네비게이터와 큐레이터들의 활약이 늘고 P2P 직거래가 늘어나면서 이들의 입지 역시 위협받고 있다.

알리바바의 마윈 회장은 전자상거래의 개념이 없어지리라고 강조하면서 신유통 생태계를 만들어가겠다고 선언했다. 제프 베조스도 매우 영리한 기업가다. 온라인서점에서 시작했지만 종합쇼핑몰로 확대했고, 2013년에는 월스트리트 저널을 인수하더니 이젠 클라우드, 인공지능, 콘텐츠사업 등의 강자가 되어가고 있다. 알리바바와 아마존은 블록체인이 펼칠 미래에 대비하고 있는 것이다. 일본의 라쿠텐(樂天)은 라쿠텐코인을 ICO했다. 온라인쇼핑몰로 시작했지만 신용카드, 여행 등으로까지 영역을 확대한 라쿠텐은 고객의 포인트를 블록체인 기반의 암호코인으로 바꾸려는 것이다.

비즈니스 생태계 전반에 퍼져 있던 골드버그 체인의 철거작업이 시작되었다. 이미 터진 둑은 손가락으로 막을 수 없다. 쓰나미처럼 밀려오는 블록체인의 거센 물살에 어떻게 대응해야 할까? 이것은 답이 정해져 있는 물음이다.

투자하든지 협업하든지 직접 하라

골드버그 체인이 해체되면서 가치부가방정식은 구시대의 관념이 되어버렸다. 이젠 잘 만들어 잘 팔면 성공하던 시대가 아니다. 산업시대 사업에 성공하려면 품질 좋고 차별화된 상품/서비스를 생산해서 골드버그 체인으로 유통시키고 기발한 광고프로모션을 통해 판매해야 했다. 그러나 이러한 가치부가방정식은 레드오션의 논리로 변했다.

가치융합방정식은 피어들과의 연결을 활용해서 함께 가치를 융합하는 방식이다. 블록체인의 핵심이 이것이다. 블록체인 기업이 되려면 가치융합방정식을 체득해야 한다. 블록체인이 유행이라 하니까 분산원장기술이나 암호화기술을 접목하면 사업이 나아지리라고 생각해서는 안 된다. 생각과 체질이 바뀌지 않은 상태에서 겉옷만 갈아입는다고 정체성이 바뀌는 것이 아니다. 블록체인 기술을 활용하지 않고 토큰이나 코인을 쓰지 않는다 하더라도 블록체인의 가치방정식에 따라 사업하고 블록체인스럽게 경영하는 기업이 블록체인 시대의 강자가 될 수 있다.

요즘 블록체인을 어떻게 접목할까 상담하는 경영자들이 늘고 있다. 가장 먼저 떠올릴 수 있는 방안은 프라이빗 블록체인(private blockchain)의 구축이다. 대기업과 기관들 중에 프라이빗 블록체인을 계획하는 기업들이 늘고 있다. 금융, 물류와 유통시스템 등에 분산원장기술과 IoT를 접목해서 효율성과 투명성을 제고하자는 것이다. 골드버그의 체인을 완전 해체하는 대신 틀은 유지하면서 최대한 단순화하고 투명한 통유리로 교체하는 작업이 프라이빗 블록체인 프로젝트다.

프라이빗 블록체인을 구상하려면 먼저 당면하고 있는 문제를 정의해야 한다. 그리고 문제를 블록체인으로 해결할 수 있는지 블록체인의 원리와 부합되는지를 따져봐야 한다. 그러나 프라이빗 블록체인은 사토시가 생각했던 블록체인의 본질은 아니다. 99%의 혁명에 대응하는 1%들의 임시방편이 될 가능성도 있다. 더구나 큰 기업이 아닌 중소기업 입장에서 자체적으로 프라이빗 블록체인을 만든다는 것은 쉬운 일이 아니다.

블록체인에 대응하는 방법은 크게 세 가지다. 투자하든지 협업하든지 직접 뛰어드는 것이다. 기업문화나 조직의 체질을 바꾸는 것은 간단한 일이 아니다. 기업의 문을 열고 외부의 자극과 지혜를 수혈해오는 오픈 이노베이션(open innovation)은 블록체인 시대에 매우 유용한 경영전략이 될 수 있다. P&G는 오픈 이노베이션을 통해 도약을 이루어낸 좋은 사례다. 블록체인 기반의 스타트업에 지분 투자를 할 수도 있고, 협업(collaboration)하는 아이디어를 생각할 수 있다. 융합은 이종교배에서 나온다. 다른 체질과 생각을 연관 짓는 데에서 창의적인 조합을 도출할 수 있다.

또 블록체인은 창업의 기회를 제공해준다. 상품/서비스를 생산하고 판매하는 기성기업들의 방식을 따라서는 스타트업은 절대 성공할 수 없다. 거기는 레드오션이고 이미 강자들이 존재한다. ICO는 창업의 길을 열어줄 수 있다. 20년 전 웹이 그랬듯이 블록체인이라는 신대륙은 다른 생태계를 가지고 있다. 기존의 대륙에서 생활하고 생각하던 방식으로는 적응할 수 없고 생존할 수 없는 곳이다. 반면 그곳의 논리와 문법을 따른다면 ICO라는 새로운 크라우드 펀딩 기법을 통해 예기치 못한 기회가 찾아올 수 있다.

어떤 대응방안을 선택하든 블록체인을 일시적인 유행으로 생각해서는 안 된다. 블록체인은 멈출 수 없는 물결이다. 먼저 블록체인의 핵심인 가치융합방정식을 이해하는 것이 반드시 선행되어야 한다. 원리와 작동방식을 통찰하면 사업의 아이디어도 도출할 수 있다. 사업의 구조와 체질, 그리고 프로세스의 혁신이 없는 상태에서는 비용과 시간만 낭비할 뿐이다. 블록체인은 기술이 아니라 철학임을 간과해서는 안 된다.

CHAPTER 2
가치융합방정식의 원리

블록체인은 공유경제다

블록체인의 유전자는 공유경제다. 공유경제는 생산하고 판매하는 방식이 아니라 연결하고 융합하는 방식으로 부를 만들어낸다. 우버는 자동차를 생산하는 것이 아니라 차주와 수요자를 연결해주는 방식으로 기성 자동차회사들을 단숨에 추월했다. 에어비앤비 역시 천연덕스럽게 남들이 자본 들여 지어놓은 집을 자신들의 데이터베이스에 올려놓고 연결과 융합을 통해 세계 최대 숙박업체로 우뚝 섰다.

세상에 새로운 기운이 감돌면서 지난 10~20년간 이상한 일들이 벌어졌다. 그런데 이상한 것은 '그'가 아니라 '나'다. 세상이 코페르니쿠스적으로 바뀐 것이다. 지금까지 산업문명에서는 생산과 유통을 통해 사업을 하고 수익을 창출해 왔지만, 이제 그런 가치부가 방식(사물의 경제논리)으로는 과잉의 레드오션에 빠져들 수밖에 없고, 연결과 융합을 통해 가치를 만들어내는 새로운 게임의 법칙이 득세하는 세상이 되었다. 그 법칙이 가치융합방정식이고 그 위력을 우버나 에어비앤비 등 공유경제 회사들이 증명해보인 셈이다.

그런데 이 대목에서 반론을 펴는 사람도 있을 것이다. 가치융합방정식은 공유경제에 국한된 법칙이 아닌가? 사람들은 계속 입고 먹고 쓸 것이니 생산 활동은 계속될 것이고, 생산과 판매는 가치부가방정식을 따를 수밖에 없지 않겠는가?

답은 '아니다.' 골드버그 체인의 해체를 언급할 때 제조업을 잠시 유보해 놨었는데, 이제 제조업 얘기를 해보자. 1990년대 인터넷이 확산될 당시 제조업은 좀 안심하고 있었다. 디지털의 최소단위인 비트(bit)로 전환될 수 있는 출판, 음악, 사진, 영상, 미디어, 금융 등은 직격탄을 맞았지만 아날로그의 최소단위인 원자(atom)는 물리적 속성을 갖기 때문이다. 먹을 것 입을 것 쓸 것은 기계가 공장에서 생산하는 것이지 컴퓨터나 인터넷이 대체할 수 있는 것이 아니지 않은가? 이런 이유 때문에 제조업은 인터넷의 사정권을 벗어나 있는 것처럼 보였던 것이다.

그런데 웹이 골드버그 체인을 노후화시키고 해체하면서 제조업의 목을 서서히 조여 오기 시작했다. 제조업이라고 산업생태계 밖에 있는 것은 아니지 않은가? 그것이 결국 터진 것이 공유경제다. 공유경제의 본질을 통찰하려면 등장배경을 이해해야 한다.

첫째, 공유경제는 잉여자원에서 발단됐다. 현대인들은 인류 역사상 가장 풍족한 시대를 살고 있다. 산업시대 대량생산된 상품들은 이젠 포화상태를 넘어 넘쳐나게 되었고 집이나 창고에는 쓰지 않는 물건들로 꽉 차 있고 쓰레기 수거장은 과대포장과 버리는 물건들로 늘 몸살을 앓는다.

우리 주위를 한번 돌아보면 쉽게 잉여자원들을 발견할 수 있다. 자동차는 아마 95% 이상 주차장에 세워져 있을 것이다. 이사를 가거나 옷장이나 창고를 정리해보면 심각성을 느낄 수 있다. 우리는 필요 이상으로 많은 집을 지었고, 필요보다 많은 옷을 만들었으며, 필요량보다 훨씬 많은 자동차를 가지고 있다.

공유경제 사업모델들은 잉여에서 사업기회를 본 것이다. 잉여품은 집과 같은 부동산이나 자동차, 자전거 등 이동수단만 있는 게 아니다. 생활용품, 옷, 책, 애완견, 음식 등도 넘쳐난다. 전력이나 에너지 낭비도 심각하고, 돈도 사실은 잉여상태다. 인간 욕심의 상징인 돈의 과잉은 거품(bubble)을 뿜어냈고, 금융의 과잉은 2008년 미국의 서브프라임 모기지 사태와 같은 금융위기를 자초했다. 블록체인도 같은 맥락에서 나온 것이다.

상품의 기능도 잉여상태다. 사용하지도 않는 기능이 가격거품만

212

만들어놨다. 정보도 홍수 상태다. 심지어 우리 머릿속에는 학교에서 배웠던, 그러나 실생활에서는 쓸모없는 잉여지식으로 꽉 차 있다. 과잉노동력이 실업률의 상승으로, 인구 과잉은 출산율의 저하로 이어지고 있는 것이다.

이제 과잉사회가 되어가고 있다. 제조업의 설비가동률은 떨어질 수밖에 없다. 과잉투자 되어 있기 때문이다. 회사의 창고에는 재고가 넘치고 유통점에 진열되어 있는 상품들도 과잉상태다. 파이프라인으로 계속 밀어내다보니 소비자들의 생활공간까지 상품들이 밀려 넘치고 과잉이 되어버린 것이다. 이제 거의 모든 제조업종의 수명주기는 포화기를 넘어 쇠퇴기에 접어들었다. 기업들이 만들어내는 부가가치는 갈수록 하락할 수밖에 없고, 상품의 가치 역시 떨어질 수밖에 없다.

둘째, 2008년 금융위기가 새로운 모멘텀을 제공해주었다. 잘 나갈 것 같이 보이던 경제가 깊은 불황에 빠져들었고, 거리에는 실업자와 노숙자들이 쏟아져 나왔다. 세계적인 경기불황은 소비 여력을 약화시켰으며 도시는 점점 거주하기 비싼 곳이 됐다. 시장이나 거리에는 잉여물자들이 넘치는데 경제는 불황이다보니 생산보다는 공유에 관심을 갖게 되었고, 비싼 신제품보다는 잉여물자 공유를 수용하기 시작했던 것이다.

셋째, 에너지 고갈, 지구온난화, 물 부족 등의 환경문제가 사회적 이슈로 떠오르면서 공유경제가 성장의 모멘텀을 마련하는 계기가 조성된다. 그리고 무엇보다도 공유경제가 급부상하고 거대한 파고를 일으킬 수 있었던 일등공신은 스마트폰이었다.

제조업의 미래

제조업이 한계에 부딪히고 쇠퇴기에 접어든 것이다. 거기에 한술 더 떠 공유경제는 제조업의 입지를 좁히고 있다. 우버는 자동차 메이커들에게는 커다란 위협이다. 소유하지 않고 공유하는 패턴이 보편화된다면 자동차 판매대수는 급감할 것이다. 자율주행차가 현실화되면 자동차 공유는 더 쉬워질 것이고, 미래학자들은 현재 자동차수요의 10~20% 정도면 충분하다고 예측한다.

이렇게 되면 어떤 일이 일어나는 것인가? 자동차산업은 무너진다. 공급체인상에 있는 부품이나 원재료를 납품하는 업체들은 도미노처럼 부도날 것이고, 대리점이나 딜러들도 필요 없어진다. 직원들 역시 일자리를 잃을 것이다. 이것이 자동차산업의 가치사슬이 붕괴되는 시나리오다. 그런데 도미노는 자동차산업에서 그치지 않는다. 정유 산업도 타격을 입는다. 전기자동차 역시 이미 와 있는 미래인데, 전기자동차까지 가세해서 가솔린 사용량이 줄면 정유 산업은 위기에 처하게 된다.

건설 산업은 어떨까? 주행하는 자동차가 대폭 줄게 되면 도로 건설 수요 역시 줄 것이다. 또 인간운전자들의 운전습관은 다 다르지만 자율주행차의 운전패턴은 동일하기 때문에 도로 파손율도 줄어든다. 여기에 에어비앤비까지 더해 보면 건설업의 미래를 예측해 볼 수 있다. 사실 주택도 과잉상태다. 에어비앤비는 호텔이나 콘도 등의 숙박산업을 붕괴시키고 있다. 이것은 건설업의 붕괴로 이어질 것이고, 쓰나미처럼 산업 전체를 쓸어버릴 것이다.

사무공간은 어떤가? 빌딩의 공실률도 높아지고 있다. 반면 사무공간을 공유하는 모델이 늘어나고 있다. 디지털 노마드들이 집이나 사무실을 소유하지 않고 공유하는 추세가 확산될수록 건설업은 레드오션으로 변한다.

건설업, 중화학산업, 자동차산업 등은 과거 50~60년간 한국경제의 기적적인 성장을 이끌었던 엔진이었다. 산업이 발달하고 거대한 가치체인을 형성하면서 국가경제가 성장해왔던 것인데, 그 엔진이 꺼져가고 있는 중이다.

이렇게 작은 파장 하나가 쓰나미로 변한 것이다. 다른 업종들은 안녕할까? 공유의 대상은 자동차나 집의 영역을 넘어 입고 먹고 쓰는 우리생활 전체로 확산되고 있다. 그리고 블록체인과 인공지능이 결합되면 단순제조/서비스업은 노동로봇들의 업종으로 변할 것이다.

공유경제는 업종이나 규모 불문하고 들이닥친다. 프랑스 거대 호텔체인 아코르 호텔스의 CEO는 인터뷰에서 큰 흐름의 물결을 거스를 수 없고 대세를 인정하고 받아들여야 한다고 강조했다.

"공유경제에 대항하여 싸우는 것과 마찬가지로 새로운 콘셉트와 새로운 제안, 새로운 서비스에 대항하여 싸우는 것은 정말로 바보 같고 무책임한 일입니다. 이것이 우리가 가야 할 길입니다. 이 모든 새로운 서비스는 대단히 강력하고 잘 구현되어 실행되고 있습니다. 우리는 그것을 받아들여야 합니다." (『에어비앤비 스토리』, 188쪽)

미래와 싸우지 말라는 얘기다. 이제 가치가 생산경제에서 공유경제로 이동하고 있다. 공유경제가 제조업을 붕괴시킬 수 있는 것은 컴퓨터나 인터넷이 기계가 하던 일을 대신하기 때문이 아니다. 0과 1의 비트(bit)로 먹을 것 입을 것 쓸 것 등 물리적 아날로그 사물을 만들 수는 없는 일이다.

더 본질적인 원인은 비즈니스 패러다임이 이동하고 있다는 데에 있다. 공유도 상품이다. 상품이란 고객에게 제공되는 가치의 총체물이지 공장에서 생산되는 하드웨어/소프트웨어가 아니다. 산업 시대 사물이 중심이던 상품에 대한 고정관념에 갇혀 있어서는 안 된다.

또 블록체인은 비즈니스의 판 자체를 옮기고 있다. 상품은 공장

216

에서 만들어지지 않고 네트워크상에서 피어들의 협업을 통해 생산되는 가치의 이동이 일어날 것이다. 실질적인 가치는 네트워크상에서 창출되면서 기존의 공장이나 시장은 빈 깡통이 된다는 말이다. 3D 프린팅이 전조다. 네트워크에서 설계된 상품을 3D프린터가 구비된 공방에 가서 프린트할 수 있다. 블록체인은 생산(production)을 프린트(print)로 바꾼다.

결국 단순제조업은 아무런 가치도 창출하지 못하게 될 것이다. 인공지능 로봇이 원재료 채취에서부터 유통까지 모든 일을 하게 되면 부가가치가 발생하지 않기 때문이다. 가치가 부가되지 않으면 가격이란 개념도 없어진다. 제조업은 낭떠러지까지 몰렸다.

또 단순제조/서비스로는 4차산업혁명시대의 핵심자원인 빅데이터를 만들어낼 수 없다. 생각해보라. 자동차회사나 호텔은 고객 명단 정도 갖고 있지만 우버나 에어비앤비는 사람들의 이동 정보, 여행 정보 등 빅데이터를 모을 수 있는 플랫폼이다. 전통적인 제조업체인 GE는 이미 소프트웨어 회사로의 변신을 선언했다. GE 수익의 70%는 프레딕스(Predix)라는 운영체제를 활용한 빅데이터 분석에서 나온다. 가스 터빈이나 항공기엔진 등 하드웨어를 판매해서 벌어들이는 마진 수익보다 빅데이터 분석으로 버는 서비스 수익이 더 커진 것이다.

상품을 생산/유통하던 시장에서 빅데이터를 모으고 분석하는 플랫폼으로 가치가 이동하고 있는 것이 바로 4차산업혁명의 본질이다. 앞으로 데이터를 만들어내지 못하는 아날로그 상품은 사라진다. 제조업에도 반드시 지능이 융합되어야 한다.

미래와 싸우지 말라. 공유경제는 일시적인 현상이나 여러 사업 중의 한 부류 정도가 결코 아니다. 문명이 이동하고 있음을 깨달아야 한다. 대량생산과 효율성을 추구하던 물질 위주의 산업문명은 쇠락하고 연결과 융합을 추구하는 인간 중심의 정보문명이 떠오르고 있다. 그러면서 가치방정식도 변하고 있고, 이 연장선 상에 블록체인이 등장한 것이다.

공유경제의 끝판 왕

블록체인은 우버나 에어비앤비 등의 공유사업모델에서 한 걸음 더 치고 나간다. 블록체인을 공유경제의 완성이라 하는 것은 블록체인이 공유사업모델 업체들의 존재 이유도 없앨 수 있기 때문이다.

예를 들어, 에어비앤비의 사업구조를 보면, 숙소상품은 분산되어 있고 호스트와 게스트들이 거대한 커뮤니티를 형성하면서 가치를 만들어 간다. 그런데 문제가 하나 있다. DAO인 블록체인 시스템은 중심에서 통제하는 기구가 없는 자율성이 핵심인데, 에어비앤비가 컨트롤타워의 역할을 하고 있다는 점이다. 호스트들과 게스트들을 연결해서 계약하고 결제 송금하는데 있어 에어비앤비가 개입한다.

만일 당신이 에어비앤비를 통해서 숙소를 예약하려 한다? 그러면 몇 가지 절차가 필요하다. 우선 에어비앤비 웹사이트에 로그인해서 숙소정보를 찾는다. 또 적절한 숙소를 찾았다면 호스트의 신원도 확인해야 할 것이다. 혹시 사이코는 아닌지 전과는 없는 사람인지, 사이트에 나와 있는 프로필을 꼼꼼하게 따져봐야 한다.

호스트를 확인했다면 다음에는 계약을 한다. 기간과 숙박비, 기타조건 등등. 다음엔 결제를 하는데 게스트가 계약 조건대로 숙박을 마친 후 돈이 호스트에게 지불되어야 한다. 여기에는 여러 단계 금융의 기능도 개입된다. 신용카드사나 에스크로 서비스, 그리고 보험 등이 개입되어야 하고, 해외결제는 웨스턴 유니온을 통해 이루어지며 각 거래마다 10달러가 소요될 것이고, 대형환전소도 필요하다. 시간과 수수료 등 적지 않은 거래비용도 발생하는 셈이다.

그러나 블록체인 플랫폼에서는 이런 일들이 순식간에 자동적으로 이루어진다. 시간 들여서 검색할 필요도 없이 나의 취향이나 여행목적에 적합한 숙소들이 제시되고, 호스트의 신뢰도나 선호도 등도 자동으로 검증해서 스마트계약과 결제 송금까지 일사천리로 진행될 수 있다. 모든 것을 블록체인 플랫폼이 알아서 해주기 때문이다.

그렇게 된다면 에어비앤비는 중간에 개입할 필요가 있을까? 없다. 블록체인의 원리는 P2P, 즉 중앙에서 통제하는 기관이 없이 모든 구성원들이 자료를 공유하고 가치도 교환하면서 협업하는 것이기 때문이다.

에어비앤비의 고민이 여기에 있다. 블록체인 기반의 숙소공유 경쟁사가 나온다면, 또는 회사 형태가 아니라 커뮤니티나 사회적 조합이 형성된다면, 사람들은 우르르 그리로 몰려갈 수도 있다. 왜냐하면, 환전/송금 등 결제수수료와 에어비앤비라는 중간사업자에게 주는 커미션을 대폭 절감할 수 있을 뿐 아니라 더 안전하고 빠르고 편리하기 때문이다.

이미 블록체인 기반의 에어비앤비를 꿈꾸는 스타트업들이 쏟아져 나오고 있다. 2018년 ICO에 성공한 비(Bee)도 그런 회사다. 우버, 페이스북, 구글 등의 출신들이 만든 비 플랫폼에서는 비 토큰으로 결제하면 중개수수료가 없다. 에어비앤비를 경유할 경우 수수료가 10~20% 발생한다는 것과 비교해보라.

자동차공유업체 우버는 어떨까? 우버 서비스를 디앱(DApp)에서 이용한다면 그 어떤 중앙집중식 회사도 여기에 개입해 순서를 바꾸거나 수수료를 떼어갈 수 없다. 이더리움 기반의 이스라엘 스타트업 라주즈(LaZooz)는 분산형 이동수단 쉐어링 어플리케이션이다. 라주즈 디앱을 사용하는 시나리오를 상정해보자. A는 강남역에서 광

화문까지 가고 싶다. 스마트폰에 깔려 있는 라주즈 앱을 켜서 카풀을 요청했더니 마침 지나가던 B가 요청을 보고 A를 태워준다. 도착하는 순간 A의 주즈 토큰이 B의 지갑으로 이동한다. 이렇게 디앱에서는 피어들의 스마트폰이 서버이자 클라이언트가 되고 P2P로 모든 일이 끝난다. 우버가 개입할 여지도 필요도 없지 않은가?

가치체인과 블록체인의 차이점

블록체인은 모든 것을 P2P 방식으로 공유하자는 사상이다. 중간에 개입되어 있는 기업이라는 조직도 제치고, 단계마다 이어지는 골드버그의 가치체인도 없앤다. 1%가 돈을 벌어 99%에게 나누어주는 것이 아니라 100% 모두 함께 벌고 함께 쓰는 민주적이고 평등한 경제공동체를 지향하는 것이다. 블록체인은 공유경제의 끝판왕이라 할 수 있다. 우버나 에어비앤비 등은 블록체인의 전주곡이었다.

산업문명이 저물면서 생산경제방식은 생명력을 잃어가고 있다. 새로운 생태계를 가진 문명세계가 펼쳐지고 있는 것이다. 그러므로 연결과 융합의 가치방정식을 익히지 않고서는 근원적인 변화에 대응할 수 없다.

골드버그식 가치체인과 블록체인은 어떻게 다른가? 첫째, 가치체인은 일방향적/선형적이었지만 블록체인은 다방향적 플랫폼이다. 지금까지 공장에서 생산된 상품은 골드버그 체인을 거쳐 소비자에게 들어간다. 면대면 상황에서는 직접 줄 수 있는 것을 여러 단계를 돌고 거쳐서 전달되는 것이다. 골드버그 체인은 일방통행이고, 또 선형적이다. 이곳에서는 서로 많은 점유율을 차지하려는 경쟁이 벌어진다. 반면 99%가 네트워크상에 모여드는 블록체인 생태계는 협업 플랫폼이다. 시장점유율도 의미 없고 일정한 순서나 규칙도 존재하지 않는다.

둘째, 가치체인은 수직적 구조인 반면 블록체인은 수평적이다. 가치체인을 장악하기 위해서는 리더십이 중요했고, 일사분란하게 움직이는 조직력이 필수적이었다. 그러나 블록체인 생태계에서는 리더십이 아니라 협업정신, 즉 콜라보십이 요구된다. 블록체인은 99% 피어들의 평평한 커뮤니티이기 때문이다.

셋째, 가치체인은 순차적이고 단속적인데 반해 블록체인은 순환적이고 연속적이다. 골드버그 체인은 순서에 따라 움직이고 단계를 넘어간다. 그러나 블록체인 생태계는 피어들이 계속 연결되고 융합되면서 순환이 일어난다. 궁극적으로 끊이지 않는(seamless) 가치의 루프가 형성된다.

가치체인 생태계와 블록체인은 생태계는 이렇게 판연히 다르다. 잘 만들어 잘 팔면 사업에 성공할 수 있다는 영웅신화에 머물러 있어서는 블록체인이 몰고 오는 변화를 감지할 수도 적응할 수도 없다. 다양한 분야를 통섭해야 하고 고정되지 않고 계속 움직이는 유연한 사고방식을 가져야 한다. 또 수직적이고 권위적인 리더십은 절대 금기사항이다. 수평적으로 소통하고 모든 것을 공유하겠다는 열린 마음을 가져야 협업이 가능해진다.

기업들도 경영전략을 점검해보고 혁신을 늦추지 말아야 한다. 생산과 판매 위주의 사업모델을 연결과 융합 중심으로 리노베이션할 수 있는 방안을 찾고, 조직의 체질과 구조를 블록체인 생태계에 적합성을 갖도록 바꿔나가야 한다. 그러면 블록체인으로 무엇을 할 수 있을지 어떻게 적용해야 할지 보일 것이다. 가치융합방정식의 이해 없이, 또 사업모델의 혁신 없이 블록체인 무늬만 입히는 것은 녹슨 골드버그 체인에 페인트칠만 하는 것뿐이다.

CHAPTER 3
블록체인 시대의 마케팅전략

시장이 사라진다

　시장이 없는 경제활동은 상상하기 어렵다. 교환의 장소인 시장을 통해 부가 창출되는 것이 시장경제의 원리다. 1776년 애덤 스미스가 쓴 『국부론』은 시장경제학의 교과서였고 지난 250년간 보이지 않는 손은 경제시스템의 중심 역할을 담당해왔다.

　시장의 역사는 언제부터일까? 앨빈 토플러는 『부의 미래』에서 "불과 몇 세기 전까지도 우리 조상들의 절대다수는 시장이란 개념이 없는 세상에서 살았다. 평생 어떤 물건을 사거나 팔지 않고 살아간 사람들이 대부분이었다"고 말한다. 대부분 사람들은 상업 활동에 관여하지 않고 마을공동체 안에서 자급자족하며 물물교환하는 수준이었다는 의미다.

산업혁명 이전 시장은 일부 상인들의 무대였지 경제시스템의 중심이 아니었다. 300~400년 전만 하더라도 동서를 막론하고 상업은 지금으로 치면 게임이나 도박업 같은 것으로 치부되었다. 성공하면 큰돈을 벌 수 있겠지만 바닷길이든 육로든 위험(venture)이 도사리고 있었고, 중앙집권적 농경사회에서 노동력의 이동을 별로 탐탁하지 않게 여겼을 것 같다. 그러나 대항해시대를 열고 적극적으로 중상주의 정책을 폈던 유럽과 사농공상의 관념에 싸여 있었던 아시아의 운명은 거기서 갈렸다. 유럽이 산업혁명의 주인공이 되면서 세상의 중심을 자신들에게 이동시킨 것이다.

시장은 산업혁명 이후 급속히 발달하기 시작했다. 대량생산된 상품들은 시장으로 흘러들어갔고 소비자들이 시장으로 몰려드는 변화가 일어나면서 시장이 자본주의 경제시스템의 센터로 자리 잡았다. 시장이 성장하면서 유통산업(distribution)도 생겨났다. 초기 재래시장은 백화점, 전문점, 슈퍼마켓, 할인점, 편의점 등 다양한 형태로 분화되었고 TV홈쇼핑, 인터넷쇼핑몰 등등 유통업은 춘추전국시대를 이루었다. 골드버그 체인이 형성된 것이다.

초기 시장은 생산과 소비의 시공간적 격차를 해소하는, 즉 동기화(synchronization) 기능을 잘 감당했다. 그러다 그 외에도 협상, 주문, 반품과 AS, 금융, 정보제공 등의 기능을 추가로 수행하면서 유통업은 거대산업으로 성장할 수 있었다. 백화점이나 할인점 등에 입점하려는 제조업 경쟁사들의 줄은 갈수록 길어졌고, 이렇게 소비자에게로 흘러가는 상품의 길목을 장악한 파이프라인은 막강한 유통파워를 가지게 되었으며, 그것은 또 하나의 권력이자 이익이었다.

그런데, 인터넷이 상황을 변화시키기 시작했다. 시공간의 경계를 허문 인터넷은 시장의 동기화 기능을 무력하게 만들었고, 누구나 언제 어디서나 정보에 접속할 수 있게 해주는 최첨단기기로 무장한 스마트몹들은 유통산업이 담당하던 기능을 손수할 수 있게 된 것이다.

골드버그 체인은 갑자기 거추장스러운 존재로 변했다. 이제 시장은 거품을 만드는 비효율적인 시스템이다. 예를 들어 보자. 상품 판매가 중 제조원가는 얼마일까? 업종에 따라 차이가 있지만 대개 20~30% 수준이다. 몇 년 전 스마트몹들이 아이폰의 원가를 분석한 데이터가 인터넷을 떠돈 적이 있다. 100만 원짜리 아이폰의 제조원가가 20만 원도 안 한다. 이제 상품의 스펙이나 원가, 사용 후기 등 상품 하나 터는 것은 일도 아니다. 과거처럼 유통이나 미디어가 독점 제공해주던 정보나 대행활동에 의지하지 않고도 직접 모든 일을 할 수 있는 것이다. 과연 스마트몹들이 유통마진을 계속 인정해줄까? P2P로 직접 하면 싸지는데 왜 70~80%의 거품에 돈을 지불해야 하는가?

또 시장은 잉여자원의 주범이다. 생산업체들은 보관, 운송 등 유통적합성을 갖추기 위해 포장을 해야 했다. 그러나 갓 뜯은 포장지는 대부분 분리수거장으로 직행한다. 포장에 들어가는 비용도 거품이지만 환경문제도 심각해진다. 골드버그 체인을 거치다보니 이런 비효율과 거품이 발생하는 것이다. 이것이 결국 공유사업모델을 탄생시켰다.

노후화된 시장을 블록체인이 가만 앉아서 보고만 있을 리 없다. "시장 비껴, 우리끼리 알아서 할게!" 이것이 블록체인의 일갈이다. 오순도순 마을공동체 시절처럼 P2P로 직거래하고 직접 모든 일을 처리하는 것이 훨씬 경제적이고 훨씬 인간적이다.

시장이 없는 세상을 상상하기 어려운가? 디지털과 인터넷이 일으킨 3차산업혁명이 정보의 혁명이었다면 블록체인과 인공지능이 일으키는 4차산업혁명은 지능의 혁명이다. 시장은 극적인 변화에 직면할 수밖에 없다. 결국 시장은 사라진다.

시장에서 플랫폼으로

시장은 어떻게 변할까? 사실 시장의 구조도 인터넷 이후 크게 변하기 시작했었다. 아마존, 이베이, 알리바바 등 온라인쇼핑업체들이 쏟아져 나오면서 시공간이 한정적이고 정태적인 유형의 시장(market-place)은 시공간의 제약이 없고 동태적인 무형의 시장(market-space)에 가치를 빼앗겼다. 그리고 스마트폰은 이런 추세에 불을 붙였다. 시장은 고객들의 PC와 스마트폰 속으로 들어갔고, 언제 어디나 고객이 움직이는 동선 자체가 시장이 되어버렸다. 고객이 있는 곳이 곧 시장이 된 것이다.

산업시대 초기의 대량시장이 세분화되다가 결국 분산화(decentralized)된 구조로 변한 것이다. 시장도 DAO가 되어가고 있다. 이렇게 웹이 정지작업을 해놓은 판 위에 블록체인은 무슨 일을 벌일까?

판매자로부터 구매자에게로 중심을 이동시킨다. 다른 말로 표현하면, 판매자시장(seller's market)에서 구매자시장(buyer's market)으로 바뀌는 것이다. 지금은 백화점이나 쇼핑몰에 가면 판매자들의 매장이 죽 늘어서 있다. 온라인쇼핑몰도 마찬가지다. 판매자들의 리스트가 뜬다. 즉, 판매자들이 상주하면서 구매자(손님)들에게 "골라 골라" 마케팅하면서 고객을 끌어들이는 방식이다.

그런데 구매자시장에는 판매자가 상주하지 않는다. 구매자가 "나 이런 것이 필요해"라고 인공지능 비서에게 말하면 가장 적합한 상품과 판매자까지 검색해서 두세 가지 대안을 내 눈앞에 갖다 바친다. 그 중 선택만 하면 된다. 판매자는 기업일 수도 개인일 수도 있는데, 거래가 P2P로 이루어지는 것이다. 중간에 무언가 개입할 여지도 필요도 없어진다.

블록체인 기반의 분산형 어플리케이션 오픈바자르(OpenBazzar)가 만들고자 하는 것이 P2P커머스 플랫폼이다. 중개인을 거치지 않고 구매자와 판매자가 직접 커뮤니케이션하고 결제까지 끝낸다. 기존 쇼핑몰처럼 중앙에서 관리를 하는 주체나 MD, 바이어, 마케터 등은 존재하지 않는다. 오픈바자르는 빙산의 일각일 뿐이다. 수많은 스타트업들이 아마존과 알리바바를 겨냥하고 있다.

위협은 전자상거래 업체들에게만 주어지는 것이 아니다. 블록체인은 모든 중개인을 없앤다. 예를 들어, 당신이 밤에 출출해서 야식을 배달해 먹으려고 한다. 알바생들이 붙여놓은 리플렛을 뒤지거나 음식배달 앱을 켜고 그 중 하나를 선택할 것이다. 그러나 블록체인 기반에서는 그런 식으로 하지 않는다. 그냥 인공지능 비서에게 말하면 주위의 음식점, 가격, 평판, 신용도 등을 검색해서 보고한다. 그런데 대안에 음식점만 있는 것이 아니다. 아파트 옆 동에 사는 사람이 색다른 야식을 만들어 갖다 줄 수도 있다. 어쩌면 당신은 이걸 더 원했을지도 모른다. 신용카드 없이 음식을 배달받는 즉시 스마트계약에 의해 토큰으로 결제된다.

결혼정보회사는 어떻게 될까? 당신은 단지 데이트를 원하기만 하면 된다. 네트워크에 있는 피어들의 집단지성의 힘이 결혼 컨설턴트보다 강하다. 블록체인 기반의 데이트나 헤드헌팅 앱들이 쏟아지고 있다. 웹3.0인 블록체인은 정보를 검색해주는 정도가 아니라 사람이나 필요한 인재도 찾아줄 수 있는 것이다.

모든 중개시장이 사라지면 거래소는 존재의 이유가 없다. 암호화폐 거래소 역시 오래 지속될 수 있는 업종이 아니다. P2P로 직거래하면 된다. "Unbank the banked"를 슬로건으로 내건 이더리움 기반의 전자지갑 솔루션 오미세고(OmiseGo)는 피어들끼리 암호화폐를 직거래를 할 수 있는 탈중앙화 거래 및 결제플랫폼을 지향하고 있다. 유사한 콘셉트의 디앱의 ICO가 이어지고 있는 상황이다. 결국 거래소는 사라진다.

울타리 쳐진 정원(walled garden)과 같은 시장이 사라지고 오픈플랫폼(open platform)으로 변하고 있다. 울타리 정원과 오픈플랫폼은 전혀 다른 세상이다. 오픈플랫폼은 업종의 구분도 없고 산업 간 경계도 존재하지 않는다. 또 플랫폼은 시장점유율을 다투는 게임을 벌이는 곳이 아니다. 플랫폼에서의 게임의 법칙은 경쟁(competition)이 아니라 협업(collaboration)이다. 즉 생산과 판매의 경쟁을 벌이는 방식은 시장의 논리였고, 플랫폼의 논리는 피어들이 협업하면서 연결과 융합을 통해 가치를 창출하는 가치융합방정식이다. 시장에서 플랫폼으로, 이것이 블록체인 생태계의 특징이다.

99%를 무대 위로

마켓이 변하면 마케팅도 변해야 한다. 산업시대 마케팅이란 판매의 기술이었다. 공장에서 생산된 상품/서비스를 최대한 많은 유통

채널에 깔고 광고와 홍보 등 프로모션을 통해 매출을 올리고 이익을 높이는 경영행위를 마케팅이라 생각해왔다. 그러기 위해 소비자의 니즈와 필요를 분석해서 충족시키려는 노력을 해왔고, 브랜드 이미지를 창출하고 제고하려는 연출활동에 투자를 아끼지 않았다.

그러나 생산과 판매가 아니라 연결과 융합의 가치융합방정식으로 전환되는 블록체인 시대, 그런 제스추어들은 무용지물이 될 수 있다. '마케팅시대의 종말'은 적절한 표현이다. 많은 기업들이 마케팅 부서를 축소하고 있다. 내부적으로 직원을 뽑고 조직을 갖추는 것보다 외부 SNS 영향력자나 프리랜서들과 연결하는 것이 가성비가 낫기 때문이기도 하고, 기존 방식으로 하는 마케팅의 효과가 갈수록 떨어지는 것이다.

블록체인 시대 경영자들은 머리를 비우고 새로운 생각으로 교체해야 한다. 소비자에 대한 생각을 코페르니쿠스적으로 360도 전환해야 한다. 소비자는 더 이상 분석과 판매의 대상이 아니다. 과거에 알던 그 정도의 사람들이 아니라는 말이다. 4차산업혁명은 소비자들에게 집단지성의 결정체인 블록체인과 인공지능이라는 최신무기를 공급해주면서 SNS를 통해 정보를 공유하고 평가하던 수준을 넘어서게 만들고 있다. 기존 통념에 사로잡혀 있다가는 혁명의 제물이 될 것이다.

블록체인은 소비자를 무대 위로 올리는 기술이다. 지금까지 무대 아래서 1%가 연출하는 연극을 관람하면서 박수 쳐주던 99%가 무대 위로 올라가서 자신만의 스토리를 만들어가는 것이다. 이제 마케팅은 그것을 도와주는 경영행위가 되어야 한다. 다시 말해, '고객에게' 판매하는 것이 아니라 '고객과 함께' 만드는 것이 블록체인 시대의 마케팅의 요체다. 미래 경영연구자들이 이구동성으로 강조하는 포인트가 이것이다. 프라할라드 교수는 『경쟁의 미래』에서 비즈니스의 명제가 근원적으로 달라지고 있음을 이렇게 강조했었다.

"우리는 가치와 가치창출에 대한 전통적인 의미에 얽매이지 않는다. 기존 가치란 회사가 창출하는 것이고, 이렇게 창출된 가치가 소비자와 교환되는 것이었다. 하지만 우리는 소비자와 회사가 공동의 노력을 통해 그 소비자에게 고유한 맞춤식 경험을 제공함으로써 가치를 공동 창출(co-creating)한다고 생각한다. 이는 현재의 산업시스템에 대한 근본적인 가정을 뒤흔드는 전제이다." (『경쟁의 미래』, 15쪽)

『컨버전스 마케팅』의 저자 요람 제리윈드는 "이전까지 꿈의 구장 아이디어는 '만들라, 그러면 그들이 올 것이다' 이었다. 그러나 지금은 다음의 개념으로 대체되었다. '함께 만들라. 그러면 그들이 머물 것이다'"라고 표현한다.

　블록체인은 코페르니쿠스적인 전환을 요구한다. 99% 피어들이 1%를 중심으로 돌고 있는 것이 아니었다. 원래 세상의 중심은 99% 다. 이 사실을 받아들이는 것은 중세 사람들이 지동설을 인정해야 했던 것만큼이나 불편할 것이다. 그러나 지동설 관점으로 세상을 봐야 우주 운행의 이치가 명쾌해지고, 천동설로 설명되지 않던 과학의 법칙이 드러나지 않았던가?

　실제로 블록체인 생태계에서는 피어들이 생산 활동에 참여한다. 뉴스, 책, 음악, 사진이나 예술 등 콘텐츠를 만들고 유통하는 것은 기본이다. 집이나 자동차에 센서를 부착하면 빅데이터를 생성할 수 있고, 웨어러블 기기들도 수익원이 될 수 있다. 정치나 입법, 사법 커뮤니티 활동을 하면서 보상받을 수도 있다. 공유도 생산 활동이고, 개인정보나 의료정보의 주인도 피어들이다.

　대체에너지도 피어들이 생산한다. 마이크로 그리드(micro-grid)를 통하면 태양광 패널이나 풍차, 도는 전기자동차에서 생산되는 에너지를 P2P 방식으로 직거래할 수 있다. 굳이 전력회사를 거쳐 다시 올 필요가 없어지는 것이다. 골드버그 체인을 거치면서 얼마나 많은 에너지가 누수되는가? 발전소 건설비나 송전설비 만드는 비용이 피어들에게 돌아갈 수 있다. 이러한 모습의 블록체인 도시공동체가 만들어질 것이다.

블록체인은 피어들이 직접 모든 일을 하게 한다. 기업은 거들 뿐이다. 이제 기업은 무대에서 내려오고 피어들을 무대 위로 올려줘야 한다. 그리고 그들의 도와주는 방식으로 마케팅이 달라져야 한다. 이것이 코페르니쿠스 전환이다.

소비자나 고객이라는 용어도 적절치 않다. 고객은 왕이라는 생각의 근저에는 만족시키고 감동시켜야 할 대상이라는 전제가 깔려 있다. 이제 피어들은 대등한 비즈니스 파트너다. 협업을 통해 공동으로 가치를 창출해가는 수평적 동반자인 것이다. 소비자에 대한 완전히 정반대의 관점, 이것이 블록체인 시대의 필수 생존요건이다.

피어들을 돈 벌게 해주는 마케팅전략

블록체인의 본질은 분산화와 권력이동이다. 피어들에게 칼자루를 쥐어주는 기술이 블록체인이다. 사실 개인에게로의 권력이동은 20년 전부터 감지되던 것이었다. 하이퍼텍스트가 정보의 권력을 피어들의 손가락에 위임하면서 변화는 태동했다. 이때부터 시장이 해체되고 플랫폼으로 변해 가는 본질적인 변화를 눈치채고 재빨리 변신을 꾀한 벤처들은 현재 최고의 기업가치를 누리고 있다.

이들의 공통점이 무엇이라고 생각하는가? 고객에게 돈을 벌게 해준 것이다. 검색엔진으로 시작한 구글은 애드센스를 통해 슈퍼블로거들과 유튜버들이 수익을 낼 수 있는 플랫폼을 제공했다. 애플은 단순히 아이폰과 같은 상품을 판매만 하는 기업이 아니다. 앱 스토어라는 일반인들도 돈을 벌 수 있는 콘텐츠장터를 만든 것이 스마트폰 시장을 터뜨린 한방이 되었다. 아마존과 알리바바는 자체적으로는 재고상품을 보유하지 않으면서 판매자와 구매자를 연결시켜 양쪽 모두 경제적 이익을 윈윈할 수 있게 해주는 플랫폼이다. 페이스북과 같은 SNS 기업들은 어떤가? 그들은 스스로 콘텐츠를 생산하지 않는다. 페이스북에 올라오는 콘텐츠와 정보들은 모두 대중들이 생산하고 자발적으로 유통시킨다. 에어비앤비나 우버 등 소위 공유경제모델이라 부르는 회사들 역시 소비자들을 생산자로 세워 돈을 벌 수 있게 멍석을 깔아주는 벼룩시장이다.

이 판 위에서 이기적 유전자를 가진 소비자는 자신의 경제적 이익을 위해서 스스로 사업가가 되고 홍보맨이 되었다. 결과적으로 네트워크 효과(network effect)가 생겨서 이 기업들은 플랫폼으로 진화하게 되었고, 이들은 소비자에게 권력을 이양해서 그들과 함께 커뮤니티를 형성하고 가치를 창출하고 공유했다.

게임의 법칙이 바뀐 것이다. 단지 좋은 상품을 잘 만들어 시장에서 잘 파는데 주력하던 전통산업들은 레드오션으로 침몰하고 있는 동안 소비자들을 무대의 주인공으로 올려서 돈을 벌 수 있게 만들어준 플랫폼기업들은 블루오션을 차지할 수 있었던 것이다. 그들은 가치융합방정식을 아주 잘 이해했고 자신들의 사업에 적용했다.

IT 강국인 우리나라에서는 왜 이런 플랫폼기업이 나오지 못했을까? 퍼스트 무버 정신이 부족하기 때문이 아닐까? 50~60년간 패스트 팔로워(fast follower) 방식으로 경제성장하다보니 몸에 배어 버렸다. 다른 회사의 사례들을 벤치마킹해서 재빨리 따라가는 데에는 세계 최고수준이다. 이제 메이드인코리아는 최고품질의 상징이고 한국의 기술력은 세계 최고수준이다. 인터넷 역시 다른 어느 나라보다 빨리 받아들였고, 뭘 좀 알만 하면 새로운 것이 나오고 따라잡을 만하면 또 다른 것이 나오는 상황에서도 평균 교육수준이 높은 한국인들은 그 어려운 것을 해냈다. 그러나 더 이상 나아가지 못한다. 팔로워 체질에 젖어 있기 때문이다.

블록체인은 패스트 팔로워 정신으로는 따라가지 못한다. 왜냐하면, 블록체인은 기술이 아니기 때문이다. 블록체인을 온전히 이해하려면 경제, 비즈니스, 금융뿐 아니라 역사, 인류학, 심리학 등 인문학과도 융합되어야 한다. 철학적인 상상력은 필수적이다. 블록체인을 기술로만 접목하려 하지 말고 먼저 그 본질을 통찰해야 한다. 그래야 퍼스트 무버(first mover)가 될 수 있다.

하이퍼레저인 블록체인은 20년 전 웹이 시작해놓은 99% 주권회복의 과업을 완수할 것이다. 지금까지 소비자로 규정되었던 피어들이 비즈니스의 주인공이 되게 하고, 그들이 돈도 벌면서 삶도 즐길 수 있는 세상으로 만들어갈 것이다. 블록체인 시대 마케팅전략의 핵심은 "어떻게 피어들이 돈을 벌 수 있게 해줄까?"에 맞춰져야 한다.

앨빈 토플러의 예측대로 "지구상에 새로운 부 창출체제"가 등장하고 있다. 생산과 판매를 통해 부를 창출하는 기업들의 가치는 갈수록 떨어지면서 레드오션으로 침몰하는 반면, 연결과 융합을 통해 부를 창출하는 플랫폼기업들이 부상해왔다. 이러한 추세를 더욱 가속화시키는 것이 블록체인이고, 피어들이 좋아하고 잘 하는 일을 하면서 심지어는 놀면서 돈도 벌 수 있는 유토피아는 블록체인에서 완성될 것이다.

블록체인은 모든 기득권을 거부한다. 전성기를 누리고 있는 애플, 구글, 아마존, 알리바바, 페이스북, 우버, 에어비앤비 등도 블록체인 혁명에서 예외일 수 없다. 블록체인이 대대적인 지각변동을 일으키면서 전혀 다른 세상으로 전환하고 있다. 이것은 비기득권층들에게는 천재일우의 찬스가 될 수 있다. 기적의 연못인 베데스다에는 천사가 가끔 내려와서 물을 휘젓는다고 한다. '가끔'이 지금이다.

분산화와 권력이동을 통해 블록체인은

산업시대 가치체인을 해체시키면서 새로운 가치방정식을 만들어간다.

30년 전 앨빈 토플러가 예언했던

'지구상에 새로운 부 창출체제의 등장'을 현실로 바꾸고 있다.

노후화된 금융시스템을 타깃으로 시작된 블록체인은

업종에 구분 없이 노후화된 모든 것을 분해한다.

경제시스템도 바뀌고 정치사회구조마저 달라진다.

6

블록체인은
문명이동의 축이다

CHAPTER 1
비즈니스 무대의 이동

CHAPTER 2
소유의 종말

CHAPTER 3
노마드 시대

블록체인은 99%의 혁명이다.
1%가 쥐고 있던 권력을 99% 피어들에게 분산 이동시켜서
99%가 주인공이 되는 동굴공동체를 건설하는 알고리즘이
블록체인인 것이다.

CHAPTER 1
비즈니스 무대의 이동

이동의 연금술

2016년 작고한 미래학자 앨빈 토플러(1928~2016)는 1990년에 쓴 그의 저서 『권력이동』에서 산업화 시대에서 정보화시대로 이행되면서 어떤 근원적인 변화가 일어나고 있는지에 대한 통찰력을 제공해주었다. 권력이 단순히 기업이나 국가에서 다른 공간으로 이동하는 차원이 아니라 권력의 본질 자체가 바뀌는데 권력의 핵심이 정보와 지식이라는 것이었다.

30년 전에 쓴 글이지만 지금 읽어봐도 짜릿짜릿 전율이 느껴질 정도다. 그는 이전 『제3의 물결』에서 프로슈머의 등장을 예고했었고, 자본과 사물이 권력이었던 산업시대의 경제논리를 질타하고 있었다. 『권력이동』에서 토플러는 이렇게 얘기한다.

"생산이라는 개념은 지금 低지식 경제학의 학자나 이론가들이 상상했던 것보다 훨씬 더 포괄적인 과정으로 재정의되고 있다. 지금 우리가 목격하고 있는 것은 강력한 변화의 수렴 – 자본과 통화 자체의 변모와 함께 나타나는 생산의 변모이다. 이것들이 합쳐져서 지구상에 혁명적인 새로운 부 창출체제를 만들어가고 있다." (『권력이동』, 115~116쪽)

그가 강조하는 새로운 생산 패러다임은 단속성이 아닌 연속성, 분해가 아닌 통합, 순차적 단계가 아닌 실시간적인 동시성이다. 이렇게 생산의 개념과 본질이 달라지고 있음을 강조하면서 기존 경제학의 이론으로는 다가오는 변화를 수용할 수 없다는 얘기도 덧붙이고 있다. 또 '통화 자체의 변모'라는 구절을 보면 그때 벌써 비트코인과 같은 새로운 형태의 화폐 등장을 예견하고 있었나? 놀라움을 금할 수 없다. 통화가 변하면 생산양식도 변하는데, 그것을 '지구상에 혁명적인 새로운 부 창출체제'라는 문장으로 표현한 것이다. '부 창출체제'란 생산양식, 즉 가치방정식을 의미한다. 그의 예언이 블록체인 생태계에서 현실로 나타나고 있다.

20세기 선각자 중 또 한 명을 꼽으라면 밀턴 프리드먼(Milton Friedman, 1912~2006)을 빼놓을 수 없다. 정부는 악덕이고 시장은 미덕이라는 유명한 말을 남기기도 한 그는 신자유주의 경제학의 큰

산이었다. 오스트리아 경제학파와 같은 경제사상의 맥락에 있는 그는 의사에 대한 국가면허제도가 필요 없다는 주장까지 한 적이 있을 정도로 국가의 경제 개입을 반대하고 자율에 맡기자는 입장이다. 케인즈와 밀턴 프리드먼은 사상은 반대였지만 20세기 경제학의 양대산맥이었다고 할 수 있다.

그는 비트코인의 출생을 보지 못하고 작고했지만, 만일 그가 살아 있었다면 누구보다 반겼을 것 같다. 그는 1999년 한 매체와의 인터뷰에서 인터넷이 정부의 역할을 감소시키는 주요한 동력이 될 것이며, A와 B는 서로 누구인지 모르는 상태에서 A가 B에게 송금하는 것이 가능해질 것이라며 전자통화(e-currency)의 출현을 예언했었다.

토플러와 프리드먼의 공통된 담론은 '이동' 이다. 즉 경제의 무대가 중심이동한다는 것이다. 지금까지 경제활동의 무대는 물리적 현실(physical reality)이었다. 공장도 시장도 기업도 국가도 모두 뉴턴의 물리법칙에 지배받는 아날로그 세상에 존재했다. 화폐도 마찬가지다. 그러나 디지털은 물리적 현실뿐 아니라 가상현실(virtual reality)이 존재하고 있음을 증명해보였고, 인터넷은 가상현실로 들어가는 도로의 역할을 했다. 이제 지구인들이 가상현실에 모일 수 있게 된 것이다. 그리고 블록체인은 문을 열고 들어가는 열쇠를 만드는 연금술이다. 이런 맥락에서 보면 블록체인의 씨앗은 아인슈타인의 물리학에 잉태되어 있었을지도 모른다.

암호화폐와 법정화폐의 미래

비트코인은 경제 중심이동의 신호탄이었다. 화폐로서의 권위와 가치를 담보해주는 어느 누구도 존재하지 않는데도 불구하고 많은 사람들이 몰려드는 이유는 그 동안 가려웠던 곳을 암호화폐가 시원하게 긁어줄 수 있으리라는 믿음 때문이다. 법정화폐는 정당한가? 우리가 쓰는 지폐나 동전에는 실제적인 가치가 담겨 있지 않다. 금이나 은과 같은 실물화폐가 아니라 명목화폐(fiat currency)이기 때문이다. 국가가 담보해주리라는 순진한 믿음만으로 아무 의심 없이 거래를 하고 있다.

국가가 부도나면 법정화폐는 도배지가 된다. 이미 국가가 부도나서 화폐가치가 폭락하고 인플레이션이 왔던 사례를 수도 없이 봐왔다. 베네수엘라나 키프로스가 대표적인 사례였다. 그러나 베네수엘라 정부만 그런가? 어느 국가의 정부도 윤리적이지 않다. 미국은 "In God, We trust"라는 문구 하나 달랑 인쇄해 넣고는 기축통화라는 점을 빌미삼아 달러화를 마구 찍어낸다. 양적 완화는 인플레이션과 거품을 만들어냈고 폭탄 돌리기 상황이 되었다. 결국 터진 게 2008년 금융위기였고, 사토시 나카모토가 비트코인이라는 칼을 빼든 원인을 제공했다.

미국의 금융위기는 전 세계로 파급됐다. 2010년 아일랜드는 EU에게 구제금융을 신청한다. 방만한 부동산대출을 일삼던 은행들이

243

2008년 미국의 리먼 브라더스 파산 이후 연쇄적으로 위기에 빠졌고 이를 구하고자 시중은행의 지급보증을 섰던 아일랜드 정부도 국가부도 사태에 몰려 더 이상 버틸 수 없었기 때문이었다. 아일랜드 국민들의 삶은 하루아침에 곤경에 처하게 되었다. 세금으로 그것을 막아야 하니까 폭탄은 국민들이 질 수밖에 없다.

그런데, 2012년 대형사고가 터진다. 그것은 아일랜드 저널리스트인 폴 윌리엄스의 특종기사였다. 앵글로 아이리시 은행 임원들 사이의 전화통화 녹취록을 공개했던 것인데, 한 임원이 "그 돈을 어떻게 갚을 건가?" 묻자 다른 임원이 껄껄 웃으면서 "이 돈은 아일랜드 정부의 돈이다. 절대 안 갚는다"라고 말한 내용이었다.

앵글로 아이리시 은행 임원들이 중앙은행에 가서 "우리에게 돈을 주지 않으면 모두가 망한다"며 10조 원의 긴급대출을 받았었는데, 그 은행 임원들끼리 웃으면서 정부의 돈이니 안 갚아도 된다는 식으로 통화한 내용이 아일랜드 전 국민을 경악케 만든 것이다.

이 기사는 전 세계로 퍼져나갔고 은행과 정부에 대한 불신이 증폭된 계기가 되었다. 서민들의 삶은 파국에 처하게 되었는데, 자기들만 잘 살겠다고 그런 거래가 오고갔다는 사실에 사람들은 분노할 수밖에 없었던 것이다.

이것은 일부 국가들에서만 일어나는 가십거리가 아니다. 집단지성의 결정체인 블록체인은 4차산업혁명 기술들과 융합되어 사회를 벌거벗길 것이고 결국 99% 피어들의 혁명으로 이어질 수도 있다. 이미 우리는 그런 현상을 목도하고 있다.

그렇다면 1%가 발행하는 법정화폐보다 99%가 합의하는 암호화폐가 더 안전하고 가치 있는 것이 아닐까? 이것이 비트코인 현상에 잠재해 있는 인류의 집단무의식이다. 산업문명 시스템에 대한 불신과 분노가 분출된 것이고 쉽게 수그러들 성질도 아니다.

만일 암호화폐가 법정화폐를 역전시킨다면 어떤 일이 벌어질까? 통화(currency)는 경제시스템의 피와 같다. 피가 달라지면 경제의 중심도 이동하는 것은 당연한 귀결이다. 국가와 은행, 기업 등이 주도하는 경제시스템은 붕괴되고 피어들이 협업하는 경제시스템으로 무대가 옮겨지는 것이다. 새로운 무대는 물리적 현실세계에 있는 것이 아니라 저 구름 위 가상 네트워크에 있다. 이것이 블록체인 혁명이다.

구름 위에서 생산이 이루어진다

옭죄어오는 미래에 기업들은 어떻게 대비해야 하는가? 새로운 부 창출체제를 이해해야 한다. 블록체인 생태계에서는 부(富)는 가상 네트워크상에서 창출되고 물리적 현실세계에서는 프린트(print)만 한다. 공장에서 기계로 생산(production)하던 기존 방식과는 사뭇 다른 것이다.

이게 어떤 의미인지를 보여주는 좋은 사례가 있다. 미국 로컬 모터스(Local Motors) 이야기다. 2010년 창업한 로컬 모터스는 GM이나 포드에 비하면 매출이나 규모 면에서는 아직 작은 자동차회사다. 공장의 규모도 마이크로 팩토리라고 불릴 정도로 작다. 그러나 오바마 전 대통령이 혁신기업이라고 칭찬했던 회사다.

로컬 모터스는 자동차 생산회사라기보다는 크라우드 소싱(crowd sourcing) 커뮤니티라는 표현이 더 적절하다. 모든 과정이 회원들의 참여와 합의에 의해 이루어지기 때문이다. 디자인은 크라우드 소싱 방식으로 공모되고 회원들의 투표에 의해 결정된다. 자동차 디자인이 선정되면 3D프린터를 활용해서 가상으로 모형을 미리 만들어보고 부품은 엔지니어 회원들의 추천과 협의를 거쳐 구매하는데 BMW나 포드 등 기존 자동차회사의 부품을 활용한다.

조립도 회원들이 직접 한다. 가까운 마이크로 팩토리 근처에서 며칠을 묵으면서 전문가들의 도움을 받아 직접 조립하고 운전해 가는 것이다. 최초의 모델은 오프로드 전용자동차인 랠리 파이터였다. 2014년에는 전기자동차 스트라티를 3D프린터로 만들어 화제가 됐고, 이후 스트라티의 단점인 주행속도를 올린 3D프린팅 전기차 스윔, 그리고 2016년에는 3D프린터로 만든 12인승 올리를 생산했는데, 여기에는 IBM의 인공지능을 탑재해 자율주행도 가능한 전기자동차다.

로컬 모터스의 생산방식은 공장에서 대량생산해서 딜러나 대리점을 통해 판매하는 방식이 아니다. 로컬 모터스의 가상 네트워크 상에 회원들이 모여 의논하고 조정하고 합의하는 과정에서 실질적인 생산이 이루어지고, 마이크로 팩토리에서는 프린트만 하는 것이다. 이것이 부는 가상 네트워크에서 창출되고 물리적 현실에서는 프린트만 한다는 말의 의미다. 로컬 모터스는 블록체인 생태계의 생산양식을 예고하는 사례다.

〈로컬 모터스의 전기차 올리〉
로컬 모터스가 2016년 출시한 12인승 전기차 올리의 모습. 3D프린터로 만들었고 IBM의 인공지능이 탑재되어 있어 자율주행도 가능하다. 자동차 생산회사라기보다는 크라우드 소싱(crowd sourcing) 커뮤니티라고 할 수 있는 로컬 모터스는 미래 생산양식을 예고한다.

비즈니스의 중심무대가 구름 위로 올라가고 있다. 그러면서 생산양식의 근본적인 전환이 일어나고 있는 것이다. 몇 가지 가상 시나리오를 생각해보자. 학습참고서나 책의 생산양식은 어떻게 변할까? 변화는 블로그나 SNS가 활성화될 당시 이미 잉태되어 있었다. 졸저 『마케팅은 마술이다』의 일부를 인용해보자.

"참고서를 만드는 회사는 시장과 소비자를 분석해서 신제품을 기획/개발한다. 이것을 서점이나 학원 등의 유통채널을 통해 소비자 가까이로 보내놓고 커뮤니케이션 채널을 통해 광고나 판촉 등을 함으로써 판매하는 방식이 지금까지의 전형적인 비즈니스 공식이었다. 그런데, 학생들의 성적을 올리는데 경험과 전문성을 가지고 있는 사람들이 자신의 블로그를 운영하며, 그 블로그에는 하루에도 수천 명이 다녀가면서 정보를 주고받는다. 이들은 커뮤니티를 형성하면서 새로운 학습방법에 대해 토론하고 기존 참고서를 통한 학습방법의 문제점을 지적하며, 스스로 문제(콘텐츠)도 만들고 자기 자녀에게 맞춤형 학습방법을 설계할 수 있다. 여기에는 학습전문가, 교사, 학부모, 학생 자신, 대학생 등이 참여하는데, 이들은 참고서 회사의 상품개발실에 있는 직원들보다 훨씬 더 현실적이며 기발한 아이디어들을 가지고 있을 수밖에 없다. 생각해보라. 열려 있는 커뮤니티의 경쟁력이 닫혀 있는 기업보다 더 뛰어날 수밖에 없는 것은 당연한 이치이다. 이 과정에서 좋은 콘텐츠나 솔루션을 제공하는 사람은 돈을 벌 수도 있음을 알게 되면서 커뮤니티는 더욱 활성화될 것이며, 학습 비즈니스는 커뮤니티를 중심으로 이루어질 것이다. 참고서 회사는? 커뮤니티가 각 개인별로 맞춤화한 콘텐츠를 인쇄/제본해주는 하청업체로 전락할 수도 있다. 이 가치사슬에서 누가 가치의 리더십을 갖는가는 분명하다. 지금까지는 참고서 기업이 시장과 소비자에 대한 정보를 독점하고 있으면서 그 정보를 바탕으로 참고서를 기획/개발함으로써 가치사슬의 중심에 있을 수 있었지만, 이제는 소비자들이 정보를 쉽게 획득/공유할 수 있고, 일반인들의 지식과 전문성이 높아지면서 커뮤니티를 중심으로 가치사슬이 재편되는 역전이 일어나는 것이다." (『마케팅은 마술이다』, 247~248쪽)

커뮤니티가 모든 비즈니스의 중심에 서게 되면서 비즈니스의 길목을 잡아가고 있다. 커뮤니티를 놓치고서는 사업을 더 이상 영위할 수 없고, 커뮤니티와의 관계 설정에 실패하는 기업은 도태될 수밖에 없게 된 환경변화가 일어난 것이다.

그렇기에 커뮤니티와 네트워크상에서 협업하지 못하고 고립되는 기업은 아무런 가치도 만들어낼 수 없다. 커뮤니티는 블록체인 시대의 핵심 키워드다. 여기에 가치가 묻혀 있음을 깨닫고 제휴와 네트워킹을 통해서(시장을 독점하거나 점유율을 높이겠다는 패러다임이 아니라) 더불어 가치를 융합해 가는 경영방식, 이것이 가치융합방정식의 요체다.

암호상품의 등장

또 다른 시나리오를 상정해보자. 옷이나 운동화의 생산양식은 어떻게 변할까? 지금은 옷이나 운동화를 사려면 매장에 가거나 온라인 쇼핑몰을 검색한다. 그러나 블록체인 생태계에서는 네트워크상에 있는 가상머신(virtual machine)에 접속한다. 거기서 디자인과 재질을 정하고 자신의 사이즈도 맞춘다. 결정하고 나면 당신의 지갑 주소로 해시값이 적힌 암호상품이 발송된다. 가까운 스튜디오 공방에 가서 3D프린터에 암호상품을 입력하면 실물상품이 출력될 것이다. 물론 프린트가 끝남과 동시에 결제가 이루어진다. 스마트계약에 의해서. 이처럼 암호화폐뿐 아니라 암호상품(crypto-product)도 등장할 것이다.

3D프린터가 한 차원 더 진화하면 프린팅은 지금과는 전혀 다른 개념이 될 것이고, 고객들은 공장에서 대량으로 생산해서 유통되는 상품을 구매하는 것이 아니라 3D프린터가 구비된 가까운 공방에 가서 필요한 물건을 프린트해 오게 된다. 프린트의 개념은 지금 우리가 생각하고 있는 범위보다 훨씬 확대될 것이다.

생산양식과 거래양식이 이렇게 바뀐다. 생산은 프린트로 바뀌고, 상품은 유통되는 것이 아니라 필요로 하는 시점과 장소에 개인맞춤화된 형태로 공급되는 온디맨드(on demand) 방식이 된다. 먼 미래의 이야기라고 생각해서는 안 된다. 이미 와 있는 미래다. 예를 들어, 아마존의 대시(Dash)가 전주곡이다. 떨어진 물품에 대시를 갖다 대면 아마존의 장바구니로 들어가고 주문한 품목은 30분 후 드론이 배달해준다. 아마존은 향후 물류센터를 개조해서 인공지능 3D프린터가 구비된 공방을 만들 것이다. 아마존 서점(Amazon Books)과 아마존고(Amazon Go)가 미래를 대비한 포석일 수도 있다.

넷플릭스(Netflix)의 창업자 리드 헤이스팅스는 "앞으로 10~20년 뒤에 사람들은 '리니어 채널(linear channel)'이 있었다는 사실에 매우 놀랄 것이다"라는 말을 했다. 리니어 채널이란 방송 스케줄이 정해진 보통의 TV방송을 의미하는데, 왜 시청자가 방송국의 시간에 맞추어야 하는가? 꼭 리모컨을 돌려가며 프로그램을 찾아다녀야 하겠는가? 당신이 가상머신에 접속해서 편성표를 짜놓으면 넷플릭스가 그 시간에 당신 눈앞에 갖다 바친다. 넷플릭스나 훌루는 블록체인 생태계에 맞춰 진화할 것이다.

블록체인 생태계에서는 모든 상품이 가상머신에서 생산된다. 네트워크로 연결된 피어들의 커뮤니티인 가상머신에는 피어들이 접속해 있고 여기에서 협업과 공유가 일어난다. 실질적인 생산은 가상머신에서 이루어지고 물리적 현실세계에서는 그림자를 복제하는 셈이다. 멀지 않은 미래 유통점은 3D프린터가 늘어선 마이크로 팩토리 형태의 공방으로 변할 수도 있다. 그리고 사람들은 스마트폰에 암호상품을 넣어 와서 프린트해 갈 것이다.

	산업혁명 이전	산업혁명 이후 (19~20세기)	정보혁명 이후 (21세기)
생산양식	제조(make)	생산(produce)	프린트(print)
거래양식	교환(exchange)	유통(distribution)	온디맨드(on demand)

〈비즈니스 패러다임의 변천〉
비즈니스 패러다임이 근원적으로 변하고 있다. 생산은 프린트로 바뀌고, 상품은 유통되는 것이 아니라 필요로 하는 시점과 장소에 개인맞춤화된 형태로 공급되는 온디맨드(on demand) 방식이 된다. 산업 시대 기계적합성을 갖지 못한 제품들은 모두 도태되었듯이 디지털 적합성, 즉 가상머신에서 만들어지지 못하는 비디지털 상품은 도태될 것이다.

디지털 트랜스포메이션

가상머신은 컴퓨팅 환경을 소프트웨어로 구현하는 것인데, 한 공간에서 다수의 피어들과 운영체제 환경을 공유하고 동시작업을 가능하게 해준다. 이더리움 생태계는 이더리움 가상머신(EVM: Ethereum Virtual Machine) 상에서 만들어진다. 여기에는 이더리움 노드들이 접속해 있고 분산형 어플리케이션 개발자들도 EVM에서 협업한다. 거대한 분산 컴퓨터이자 협업플랫폼인 셈이다.

향후 기업이 제공하는 수많은 가상머신들이 나타날 것이다. 이런 변화에 어떻게 대응해야 할까? 첫째, 디지털 트랜스포메이션(digital transformation)을 서둘러야 한다. 네트워크를 흐르지 못하는 상품은 사라지기 때문이다. 분자 구조를 가진 아날로그 사물은 인터넷을 통해 이동할 수 없지만 디지털로 형태가 전환되면 가능해진다. 블록체인은 자산과 가치의 이동을 가능하게 하는 웹3.0임을 생각해 보라.

산업혁명이 일어나면서 기계적합성을 갖추지 못했던 상품들이 도태되었듯이 디지털 적합성을 갖추지 못하는 즉, 가상머신에서 만들어지지 못하는 상품은 이동이 불가능해서 갈라파고스 외딴 섬에 고립되어 생존할 수 없는 것이다. 디지털 트랜스포메이션은 선택사항이 아니라 필수사항이다.

상품에 디지털의 옷을 입히고 비즈니스 모델을 디지털 트랜스포메이션하면 상품에 지능이 부여된다. 상품에 지능을 불어넣으면 상품에 생명이 생기고 죽었던 상품도 살아날 수 있다. 블록체인은 웹에 지능이 융합된 웹3.0이고, 4차산업혁명의 본질은 지능혁명이라는 사실을 잊지 말라. 블록체인 생태계에서는 지능이 없는 것은 그어떤 것도 살아남지 못한다. 상품에 집단지성과 인공지능을 융합하는 작업은 정말 서둘러야 하는 최우선과제다.

디지털 트랜스포메이션의 또 하나의 장점은 빅데이터도 생긴다는 점이다. 즉, IoT 플랫폼과 연결되어 실시간 엄청난 양의 데이터를 전송할 수 있고, 그것은 상품 마진에서 얻어지는 수익보다 훨씬 크다. 사물로서의 상품은 부가가치를 창출할 수 없고 데이터가 새로운 자원이자 권력임을 잊지 말아야 한다. 4차산업혁명은 빅데이터 혁명이기도 하다. 과거처럼 상품/서비스를 단순 제조하는 방식으로는 절대 살아남지 못한다.

상품의 모듈화

근원적인 변화에 대응하기 위한 두 번째 전략은 상품의 모듈화이다. 분산화와 권력이동을 일으키는 블록체인은 상품이나 사업모델도 분산시킨다. 과거처럼 공장에서 완제품을 잘 만들고 유통시켜 고객을 감동시키겠다는 환상에서 벗어나라. 블록체인 생태계에서는 그런 방식은 옛날 사람들의 고정관념으로 치부된다. 피어들을 참여시키고 협업하면서 함께 가치를 창출해가야 하는데, 그러려면 상품을 모듈화해야 한다.

비록 중단되기는 했지만 구글의 아라(Ara) 프로젝트는 상품의 모듈화가 어떤 의미인지를 예시하는 시도였다. 아라는 스마트폰 조립 프로젝트인데, 부품을 모듈화해서 사용자가 원하는 자신의 제품을 만들 수 있도록 하는 방식이다. 구글은 핵심모듈과 기본 틀을 오픈소스로 공개하고, 여러 업체에서 부품을 개발해서 피어들이 직접 조립할 수 있도록 하고자 했는데, 아직 풀어야 할 기술적인 문제와 협업 인프라가 덜 성숙된 것이 장애요인이었던 것 같다. 그러나 이와 같은 프로젝트는 여기저기서 이어질 것이다.

미디어와 콘텐츠는 모듈화하기 가장 쉬운 분야다. 앞에서 예를 든 학습참고서를 생각해보자. 대부분의 학생들은 자신에게 필요 없는 부분까지 모두 구입해야 한다. 책으로 묶여 있기 때문이다. 이런 문제는 개인의 수준에 맞게 취약한 영역과 집중적으로 보완할 내용만 따로 모아서 프린트하고 제본할 수 있게 콘텐츠를 모듈화하는 방식으로 해결할 수 있다. 뉴스도 그렇다. 필요할 때 필요한 기사 클립만 보고 소액 결제할 수도 있다. 자동차보험은 어떤가? 운행할 때만 적용될 수 있도록 보험상품을 모듈로 나눌 수 있다.

이케아(Ikea)의 DIY 방식은 이케아의 부흥을 가져온 신의 한수였다. 이케아의 창업자 잉그바르 캄프라드는 역발상을 했다. 당시 유럽 사람들은 비싼 고급가구를 사서 쓰다가 자식에게 물려주는 것이 일반적인 관습이었는데, "왜 그래야 하는가?" 이케아는 먼저 판매할 가구의 가격을 정해놓고, 그에 맞춰서 원가와 디자인을 생각하는 전략을 폈다.

1971년 소비자들이 차를 몰고 와서 조립식가구를 구입하는 매장을 스톡홀름에 열면서 DIY(Do It Yourself) 개념을 도입하기 시작했다. 이케아는 고객을 왕으로 생각하지 않는다는 얘기를 다음과 같이 표현했다.

"고객이 왕으로 대접받는 것은 상당한 비용이 드는 일입니다. 궁전 전체의 비용을 결국 함께 부담해야 하는 거죠. 우리는 이런 궁전을 없애고 고객을 왕으로 떠받들지 않겠습니다. 이제 고객이 직접 일해야 할 때입니다."

고객을 왕으로 모시지 않겠다? 이건 당연하게 여겨왔던 기존 경영의 통념을 깨는 일이다. 더구나 이케아는 소비자에게 오만하기까지 하다. "글자를 읽을 수 있다면 우리의 조립 설명서도 이해할 수 있습니다." 그러나 이러한 역발상과 패러독스 마케팅이 이케아를 세계적인 기업으로 발돋움할 수 있게 한 것이다.

DIY는 상품을 모듈화하는 전략이다. 이케아는 블록체인 기술을 접목한 회사는 아니지만 블록체인의 원리를 이해하고 있었다. 블록체인으로 무엇을 할 수 있는가를 알려면 블록체인의 본질과 원리를 먼저 이해해야 한다. 분산원장기술을 사용하고 토큰을 발행하는 것이 블록체인을 적용하는 게 아니라 그런 기술들을 쓰지 않더라도 블록체인스럽게 사업모델과 상품을 혁신하는 회사가 블록컴인 것이다.

상품을 디지털 트랜스포메이션하고 모듈화하라. 가상머신에서 피어들과 함께 협업 방식으로 상품을 설계하고 커뮤니티에서 피어들이 직접 완성할 수 있도록 사업모델과 방식을 바꿔가야 한다. 골든타임은 그리 길지 않다.

CHAPTER 2
소유의 종말

예술과 블록체인의 결합, 크립토아트

2018년 2월 아주 재미있는 실험이 대성공을 거뒀다. 포에버로즈 (Forever Rose) 프로젝트다. 명사들의 흑백사진을 찍어 세계적으로 유명세를 탄 사진작가 케빈 아보시(Kevin Abosch)가 자신의 디지털 사진 작품을 블록체인 기술로 암호화하고 ICO를 해서 100만 달러에 매각한 것인데, 이더리움 기반의 로즈토큰은 단 1개 발행됐다.

이 프로젝트가 흥미로운 것은 로즈토큰 안에 디지털 원본이 없다는 사실 때문이다. 즉, 토큰 안에 사진원본을 담아 소유권자에게 넘겨준 것이 아니라는 말이다. 그렇다면 10억 원이라는 거금을 주고 사도 사진을 집에 걸어놓을 수도 없고 자신의 컴퓨터에 담아 감상할 수도 없다. 원본은 케빈 아보시의 컴퓨터에 저장되어 있고 작품은 www.foreverrose.io에서 누구나 감상할 수 있다.

〈디지털 사진작가 케빈 아보시의 포에버로즈(foreverrose)〉
이 작품을 블록체인 기술로 암호화하고 이더리움 기반의 로즈토큰은 단 1개 발행해서 100만 달러에 매각했다. 블록체인과 예술의 합성어인 크립토아트라는 신조어도 생겨났다.

전문작가들이 찍는 디지털 사진은 용량이 너무 커서 현재의 블록체인 기술로는 토큰 안에 집어넣을 수 없다. 또 디지털 사진은 0과 1의 조합이라 복제와 확산이 얼마든지 가능하기 때문에 원본에 의미를 부여하기도 어렵다. 로즈토큰을 산 사람은 원본은 구경도 못해보고 단지 소유권만 인정받을 뿐이다. 그런데도 150명 이상이 몰려 10명에게 분할 판매했고, 로즈토큰은 거래소에 상장되어 가격이 형성되어 있다.

포에버로즈 프로젝트는 아시아 이노베이션스 그룹(AIG)의 기프토 팀과 공동으로 기획되었는데, 수익금 전액은 어린이 무료 코딩 교육 글로벌 민간자선단체인 코더도조 재단에 기부했다. 서울에서 간담회를 연 케빈 아보시는 이런 말을 했다.

"보통 미술 작품을 사서 집에 걸어두는 걸 작품을 샀다고 이야기하지만 공연을 볼 때도 비용을 지불한다. 공연은 끝나고 남아 있지 않음에도 그렇다. 그 당시 행위에 가치를 부여한 것이다. 포에버로즈도 그렇게 이해해 달라. 블록체인과 예술을 결합해 크립토아트라는 새로운 영역을 개척하는 것에 의미가 있다." (『동아사이언스』, 20018. 2. 23)

케빈 아보시는 이에 앞서 '아이마(IAMA) 코인' 프로젝트를 했던 인물이기도 하다. 자신의 피를 채취해서 도장으로 찍어 블록체인 주소를 만들고 10만 개의 토큰으로 만든 것인데, 암호화폐와 실제 작품을 조합해 크립토아트(crypto-art)라는 새로운 영역을 개척해가고 있다. 아이마코인 프로젝트를 본 아시아 이노베이션 그룹의 제안으로 포에버로즈 프로젝트가 이루어진 것이다.

블록체인을 이렇게도 창의적으로 접목시킬 수 있겠구나, 역시 예술가답다는 탄성이 절로 나오는 사례다. 그런데 포에버로즈 프로젝트는 앞에서 말한 밀턴 프리드먼의 『화폐경제학』에 소개된 얍섬의 돌 화폐 이야기를 연상시킨다.

얍섬의 돌 화폐와 비트코인

서태평양 미크로네시아 연방에 속한 얍(Yapp)섬에서는 1,500년 전부터 돌을 화폐로 사용해왔다고 한다. 가운데가 뻥 뚫린 엽전 모양의 돌 화폐의 가치는 크기와 무게로 매겨지는데, 작은 것은 지름이 7cm짜리도 있지만 큰 것은 지름 3.6m에 무게도 4t에 이른다. 이 돌은 얍섬에는 없는 희귀한 것이기에 팔라우라는 섬에서 채굴한 뒤 카누와 뗏목으로 실어 나르고 장정들이 중앙에 구멍을 내고 막대를 끼워 어깨에 짊어져 운반해온다.

그런데 흥미로운 점은 너무 무겁고 크다보니 거래를 할 때마다 돌을 실제 주고받는 것이 아니라 그냥 놔두고 마을사람들이 모여 "저건 누구 거야" 하고 소유권만 합의한다는 사실이다. 이런 사례가 있었다. 얍섬으로 운반해오는 도중 너무 크고 무거워서 바다에 빠져버렸다. 그런데 그것을 목격한 사람들이 증인이 되어 화폐가치를 인정해준 것이다. 실제 돌 화폐는 바다 밑에 잠겨 있어 볼 수도 확인할 수도 없는데 소유권이 인정되고, 얍섬에서 거래가 일어날 때마다 소유권자가 바뀐다. 실물을 소유하지 않아도 소유권이 인정되는 셈이다.

얍섬의 돌 화폐는 미개한 원주민들의 이야기일까? 그들의 행위가 우습게 보일지 모르지만 사실 우리도 그렇게 살고 있다. 가치가 내재되어 있지 않은 종잇장을 주고받고 숫자만 왔다갔다하면서 재산이 얼마라고 따진다. 불과 20년 전 사람들만 하더라도 우리가 버스 탈 때 지갑을 갖다 대며 찍찍거리는 이상한 행위를 이해 못했을 것이다.

〈돌 화폐의 원리〉

얍섬 돌 화폐의 원리는 비트코인과 닮아 있다. 암호화폐도 실물이 오가는 것이 아니다. A가 B에게 얼마를 보낼 때 실제로 비트코인이 가는 것이 아니다. 비트코인은 가상의 화폐다. 얍섬 사람들이 돌 화폐를 바다 밑에 놔두고 소유권을 인정해주듯이 비트코인 역시 저 구름 위에 놔두고 소유권만 왔다갔다하는 것이다.

또 많은 사람들이 전자지갑의 개념을 오해하고 있다. 지갑이라 하니까 우리 주머니 속에 있는 지갑 형태를 떠올리지만 사실 전자지갑은 이메일주소와 같은 프로그램일 뿐이고 그 안에 돈이 들어 있는 것도 아니다. 이메일 받듯이 내 지갑주소로 해시값만 받는 것이고, 그것을 노드들이 인정해주기 때문에 가치가 발생하는 것이다. 1부에서 언급했던 100명 마을공동체 이야기를 떠올려보라. 마을회의에서 구성원들이 합의하고 인증해주는 방식으로 가치를 담보해준다. 블록체인은 집단지성이다.

소유하되 소유하지 않는다. 이것이 블록체인 생태계의 역설이다. 소유의 개념도 달라지고 있는 것이다. 인류 역사상 산업사회만큼 소유에 집착했던 문명이 있었을까? 소유해야 한다는 관념이 탐욕을 낳았고 권력에 집착했으며 결국 두 차례의 세계대전으로까지 이어졌다. 그리고 전쟁은 아직도 끊이지 않고 있다. 근대국가 체제나 물리적 국경도 산업문명의 산물일 뿐이다.

선구자들은 이와 같은 불편한 진실에 저항해왔다.

마르셀 뒤샹의 해학

2004년 영국의 한 매체가 '20세기에 가장 영향력이 컸던 미술작품이 무엇일까'를 미술가와 미술사가 500명을 대상으로 앙케이트 조사한 적이 있다. 피카소를 제치고 1위에 응답된 것은 마르셀 뒤샹(Marcel Duchamp, 1887~1968)의 〈샘(Fountain)〉이라는 작품이었다.

〈샘〉은 그림이 아니라 남성용 소변기다. 시중에서 파는 소변기를 사다가 하단에 'R. Mutt 1917'이라고 작가서명만 해서 출품한 것이다. 작품은 이게 전부였다. 어디 한군데 작가가 창의성을 발휘해 공들여 제작한 부분이라고는 찾을 수 없다. 이 작품은 마르셀 뒤샹이 1차 세계대전 후인 1917년 4월 10일 미국으로 건너가 독립미술가협회 전시회에 출품한 것인데, 전시회가 진행되는 동안 후미진 곳에 방치되어 있었다고 한다. 아무도 그게 작품인줄 몰랐고 R. Mutt도 가명이었기 때문이다.

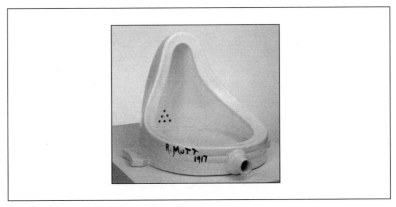

〈마르셀 뒤샹의 작품 '샘'〉

〈샘〉은 그림이 아니라 남성용 소변기다. 시중에서 파는 소변기를 사다가 하단에 'R. Mutt 1917' 이라고 서명만 해서 출품했다.

뒤샹은 기성 미술계의 고정관념에 커다란 파장을 일으켰다. 이제 굳이 작가가 손수 작품을 만들지 않아도 재료로 삼을 기성품과 상품들은 넘쳐나고 이미 사진과 영화 등이 개발된 상황에 굳이 애써서 회화나 초상화나 구상화를 그려야 하는 이유가 뭔가? 예술은 사물이 아닌 심상에 깃들어 있는 것, 즉 예술가의 심상이 담겨 있다는 자체가 중요한 것이지 그것이 반드시 캔버스, 대리석, 목재, 석재 등의 재료일 필요가 있는가? 작가의 발상에 맞는 오브제를 선택해서 자신의 생각을 전달하는 것이 예술의 본질이 아닌가?

예술가(artist)는 그림을 잘 그리는 장인(artisan)이 아니다. 기교나 기술적 요소는 단지 작가의 발상을 전달하기 위해 필요한 부수적 요소일 뿐이다. 이것이 뒤샹의 사상이었고 그것을 전달하기 위해 소변기를 선택한 것이었다.

마르셀 뒤샹이 산업문명에 던지고 싶었던 메시지는 무엇이었을까? 예술을 사물이나 물질로 인식하는 통념, 그리고 자본주의 시대 소유의 개념을 깨뜨리고 싶은 것은 아니었을까? 그래서 그는 일부러 사람들이 불결하게 생각하는 값싼 소변기를 선택했을지도 모른다. "배관용품이기에 가해진 비판은 불합리하다. 미국이 만들어낸 유일의 예술작품은 배관과 다리다"라는 말에서 그의 생각을 짐작할 수 있다.

케빈 아보쉬와 마르셀 뒤샹의 실험은 블록체인의 사상에 닿아 있다. 그들은 사물의 소유를 비웃는다. 소유한다는 것이 도대체 무슨 가치가 있단 말인가? 자본주의 산업문명에 저항했던 에리히 프롬(Erich Fromm)도 『소유냐 존재냐(To Have or To Be)』에서 산업사회에서의 인간의 소외 문제를 명쾌하게 파헤쳤다. 인간이 무언가를 소유하려고 하는 순간 그 '무엇' 이 인간을 소외시키면서 인간은 자아를 잃어버리고 그 '무엇' 의 노예로 전락되는 이치를 설명하면서, 그러므로 소유양식이 아니라 존재양식으로 살아가야 한다고 강조한다. 그는 존재양식(To Be)을 다음과 같이 정의한다.

"어떤 것을 '소유' 하지도 않고, 또 '소유하려고 갈망하지도' 않으면서 즐거워하고, 자기의 재능을 생산적으로 사용하며 세계와 '하나' 가 되는 생존양식."

이것이 블록체인 생태계에서의 생존양식이다. 소유나 성공에 집착하지 않고 즐기며 더불어 살아가는 세상을 꿈꾸는 것이다. 요하이 벤클러(Yochai Benkler) 하버드대교수는 『네트워크의 부』에서 새로운 생산양식을 'peer production' 이라 부르면서 "철저하게 탈중심화되어 있고, 협업적으로 이루어지며, 배타적 소유를 전제로 하지 않는다. 자원을 공유하며 생산된 산출물을 광범위하게 배포할 수 있다"라고 정의한다.

문명이 이동하는 것이 분명하다. 인류는 다른 세상으로 들어가고 있는 중이다. 이더리움의 공동개발자이자 컨센시스 CEO인 조셉 루빈은 99% 피어들의 힘으로 1%가 망가뜨린 세상을 복원할 수 있을 것이라는 확신을 이렇게 표출한다.

"확실하게 느꼈습니다. 포스터를 붙인 거리 전신주가 늘어선 거리를 거닐며, 시간을 낭비하지 않아도 된다는 걸요. 모두가 협동해 망가진 경제와 사회에 대한 새로운 해결책을 수립할 수 있습니다."(『블록체인 혁명』, 171쪽)

전신주가 늘어선 거리란 월 스트리트를 지칭하는 것이다. 거리로 뛰쳐나가 데모하는 대신 블록체인의 힘으로 혁명이 가능하다는 자신감이다. 블록체인은 산업문명을 붕괴시키면서 새로운 문명을 만들어가고 있다. 자본과 물질을 소유하면서 권력화되었던 1% 중심의 문명이 아니라 인간과 정신이 중시되는 99% 피어들의 문명이다. 피어들이 구름 위 무대에 올라가 연결과 융합을 통해 평화롭고 평등한 유토피아를 만들어보자는 것이다. 블록체인은 문명 이동의 축이다.

CHAPTER 3
노마드 정신

16세기 세계사

16세기는 전 세계에 새로운 기운이 감돌던 시기였다. 오스만 투르크의 콘스탄티노플 점령으로 동서양 간의 무역로였던 실크로드가 막히자 유럽은 바다로 진출하면서 대항해시대가 시작되었고, 상업을 중시하고 주식회사의 전신들도 생겨났다.

그 당시 아시아대륙의 동북 끝에는 여진이라는 오랑캐로 치부되던 가난한 소수종족이 살고 있었다. 중원은 명의 차지였고 한반도에는 조선이라는 문명국이 있었다. 이때 여진족의 추장이 누르하치(1559~1626)였다. 그는 여진족과 인근 유목민족들을 규합해서 후금을 세웠고 명을 몰아내고 청(淸)의 태조가 된다.

『오랑캐 홍타이지 천하를 얻다』의 저자는 이것을 은(銀)의 축복이었다고 진단했다. 16~17세기는 전 세계적으로 은본위제가 확립되던 시기였는데, 누르하치는 은의 중요성을 깨닫고 은을 모으는데 주력한다. 당시 은의 최대생산국은 중남미와 일본이었다고 하는데 거기서 채굴된 은은 유럽과 중국으로 흘러들어갔고, 누르하치는 이러한 변화를 놓치지 않았다. 반면 사농공상의 이데올로기에 갇혀 있던 조선은 은 제련공들마저 일본에 빼앗기고 결국 임진왜란과 병자호란을 당한다.

이 당시의 정세는 블록체인이라는 새로운 기운이 감도는 요즘의 상황과 오버랩이 된다. 당시만 해도 상업이나 금융업은 하층민의 직업이었다. 유럽도 마찬가지였다. 셰익스피어가 16세기 쓴 『베니스의 상인』에 등장하는 지독한 고리대금업자 샤일록은 유태인 격리구역인 게토에 거주하는 하층민으로 묘사되고 있다. 돈을 빌려주고 이자를 받는 행위가 교회법 상 불법이었기 때문에 기피업종이었던 것이다. 르네상스 시대 예술가와 과학자들을 후원했던 메디치(Medici) 가문 역시 노블레스 오블리주를 실천했던 천사만은 아니었다. 환전과 대부업을 허가받는 조건으로 교회 건물과 인테리어를 헌물해야 했고, 이를 위해 인재들을 고용하고 지원을 아끼지 않았던 것이다.

16세기만 하더라도 유럽은 경제적으로나 문화적으로 매우 낙후된 변방이었고, 세계의 중심은 중국과 인도 등 아시아대륙이었다.

당시 인구수나 경제규모로 볼 때 부의 80%는 아시아에 집중되어 있던 상황이었다. 그러나 아메리카 대륙의 정복을 통해 상업의 맛을 본 유럽은 적극적으로 중상주의 정책을 펴면서 인도와 중국으로의 진출을 모색했다. 네덜란드, 프랑스, 영국 등에는 우후죽순 동인도회사들이 생겨났다. 요즘 비트코인 열풍에 비교하는 튤립 투기도 이때 일어난 것이다.

인류 최고의 발명품, 복식부기

동인도회사는 지금의 주식회사의 전신이라 할 수 있는데, 유럽의 상업 발전에 결정적 역할을 한 것은 인류 최고의 발명품이라 불리는 복식부기였다. 복식부기의 아이디어는 단순하다. 거래 내역을 차변과 대변으로 나누어 기록하는 것이다. 모든 거래에는 양면성이 있다. 예를 들어, 상품을 사고 대금을 지급했다면 현금이라는 자산이 줄어든 반면 상품이라는 자산은 늘어난다. 또는 어떤 비용이 발생하면 현금이라는 자산이 줄어든다. 이와 같은 양면성을 차변과 대변으로 분개(分介)하는 것이 복식부기다.

이게 뭐 그리 대단하단 말인가? 이전의 단식부기는 단순히 거래 사실을 기록하는 방식이었다. 즉, 가계부 적듯이 그냥 장부에 기록해놓는 것이다. 부기(簿記, book keeping)은 장부기록이라는 의미다. 부기는 고대사회에서도 필요했었다. 종이가 없던 시절 돌이나 파피

루스 등에 적어놓았던 것이다. 그런데 상업이 활발해져서 거래가 늘어나면 단식부기로는 감당할 수 없고 업그레이드된 장부시스템이 필요해진다. 그래서 거래가 발생하면 일단 분개장에 차변과 대변으로 나누어 적어 놓았다가, 각 계정별 원장으로 옮겨 적어 합산하는 프로세스의 시스템을 만들어낸 것이다.

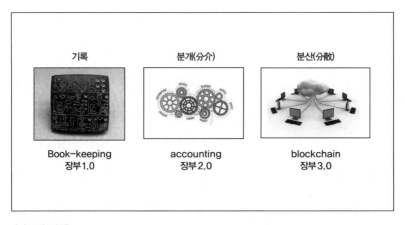

기록	분개(分介)	분산(分散)
Book-keeping 장부1.0	accounting 장부2.0	blockchain 장부3.0

〈장부의 진화〉
블록체인은 장부3.0이라 할 수 있다. 회계시스템도 블록체인과 결합하여 진화가 일어나고 주식회사의 구조나 운영방식이 전혀 다른 차원으로 변할 것이다.

복식부기 이전에는 자산, 부채, 자본, 주식 등의 개념도 없었다. 부기는 회계(accounting)의 차원으로 진화했고, 자산은 부채와 자본의 합이라는 대초대조표 등식도 회계시스템의 결과물이다. 또한 주식회사라는 기업 형태의 거버넌스를 가능하게 한 것도 복식부기가

270

진화한 회계시스템 덕분이다. 이렇게 복식부기는 경영의 새로운 관리 도구를 제공하면서 상업의 획기적인 발달을 가져왔고 자본주의 산업문명을 낳았다.

유럽이 동양보다 산업혁명을 먼저 일으킬 수 있었던 결정적 요인도 실은 복식부기다. 당시 동양은 주산(珠算)의 계산능력을 뽐내고 있는 동안 서양에서는 고등회계의 시스템을 만든 것이 결국 동서양의 역전으로 이어졌다. 산업혁명하면 증기기관을 먼저 떠올리지만 복식부기가 나오지 않았더라면 산업혁명은 불가능했을 것이다. 복식부기와 증기기관의 결합이 산업혁명이었던 것이다. 즉, 복식부기가 형성해놓은 경영의 인프라스트럭처 위에 증기기관이 불을 붙였을 뿐이다. 200년 전 산업혁명의 숨은 일등공신은 복식부기였다.

4차산업혁명하면 인공지능을 가장 먼저 떠올리지만 배후에는 블록체인이 있다. 거래를 분산(分散)해서 기록하고 관리하는 블록체인은 21세기형 복식부기다. 분개 방식의 복식부기가 2차원이라면 분산 방식의 블록체인은 3차원이다. 즉, 블록체인은 장부3.0이다. 곧 회계시스템도 블록체인과 결합하여 진화가 일어날 것이고 새로운 개념의 용어들도 만들어질 것이다. 기존의 회계시스템으로는 IoT 플랫폼에서 생성되는 빅데이터의 거래를 감당할 수 없기 때문이다. 회계라는 용어 자체가 바뀔 수도 있고, 주식회사의 구조나 운영방식이 전혀 다른 차원으로 변할 수도 있다.

블록체인은 복식부기에, 인공지능은 증기기관에 비견할 수 있다. 복식부기와 증기기관의 결합이 산업혁명으로 이어졌듯이 블록체인과 인공지능의 융합이 4차산업혁명으로 이어진다.

누르하치의 리더십

다시 동양의 상황으로 돌아가 보자. 1619년 후금과의 전투에 참전했다 포로가 된 조선관리는 건주견문록에서 여진족의 상황을 이렇게 증언하고 있다.

"북쪽사람들은 배고픔과 추위에 아주 잘 견딘다. 행군할 적에도 쌀가루만 물에 타서 마시는데 6~7일 동안 먹는 식량이 쌀 4~5되에 불과하다. 그리고 바람이 불건 비가 오건 눈서리가 내리건 밤새도록 한데서 거처한다." (『오랑캐 홍타이지 천하를 얻다』, 5쪽)

당시 누르하치 휘하 여진족의 생활상을 엿볼 수 있는 대목이다. 그들은 가난했고 문화적으로도 열등한 오랑캐라 멸시받던 소수민족이었다. 그러나 1616년 후금을 일으킨 지 20년 만에 명을 몰아내고 중원의 주인으로 등극한다.

어떻게 그런 일이 가능했을까? 첫째, 여진족은 중앙집중형이 아닌 분산형 거버넌스를 유지하고 있었다. 예를 들어, 전쟁에서는 보급이 생명인데 여진족에는 중앙 보급부대가 없다. 먹을 것을 각자 챙기고 해결한다. 조선관리가 놀라서 얘기한 게 그것이다. 거대한 보급부대가 따라가는 명의 군대와 비교해보면 기동성과 유연성 면에서 큰 차이가 날 수밖에 없다.

또 유목사회의 특성상 권력도 분권화되어 있었다. 정복지에 대해서도 충성과 세금만 약속하는 한 자율적 통치를 허용했다. 제도나 종교, 문화 등을 뜯어고치고 통일하려는 시도도 하지 않았다. 『제국의 미래』 저자 에이미 추아 예일대 교수도 제국의 으뜸가는 조건은 관용과 공존이었음을 강조한다.

두 번째 비결은 빠른 커뮤니케이션이 있었다. 노마드 즉, 유목민은 한곳에 정착하지 않고 계속 이동한다. 그렇기에 그들에게는 주소라는 개념이 없었다. 주소체계가 없는 상황에서 공동체를 유지하려면 그들만의 암묵적인 통신 프로토콜(protocol)이 있어야 했다. 또 유목사회는 문자를 사용하는 기록문화가 아니다. 암호가 발달할 수밖에 없는 이유다. 정주민들의 관점에서는 유목민들의 소통 프로토콜을 해독하기 어렵다. 마치 제2차 세계대전 때 연합군이 독일군의 암호였던 애니그마를 복호화하지 못해 번번이 당했던 것처럼 명은 여진족의 작전을 간파하기 어려웠고 여기저기서 예상치 못한 시점에 출현하는 적의 공격을 감당하지 못한 것이다. 여기에 칭기즈칸 시절부터 발달했던 역참제도도 한몫 거들었다.

1636년 누르하치의 아들 홍타이지는 조선의 남한산성 공격을 성공시킨 기세를 몰아 중국 대륙으로 쳐들어가 명을 몰아내고 청을 건국했고, 그 후 약 200년간 청은 전성기를 누리게 된다. 중국 역사상 최대영토를 가지고 있었던 나라는 청이었다. 17~18세기 청은 세계 최고의 부자나라였고, 전 세계 문물들은 청으로 몰려들었다. 그러나 노마드 정신을 잃어버려서였을까? 19세기 영국과의 아편전쟁에서 참패한 이후 급속하게 몰락의 길을 걸었고 결국 1911년 쑨원의 신해혁명에 의해 종지부를 찍었다.

모래만다라의 철학

블록체인의 쓰나미가 몰려오는 지금의 상황은 16세기의 세계정세와 데쟈뷔를 느끼게 한다. 역사는 순환된다. 정주민과 유목민은 번갈아 가며 주인공이 되었고, 혁신은 예기치 못한 변방에서 일어났다. 문명이 이동하는 21세기는 디지털 노마드의 시대다. 지금 우리에게 필요한 것은 노마드 정신이 아닐까?

사전에는 노마디즘(nomadism)을 "특정한 방식이나 삶의 가치관에 얽매이지 않고 끊임없이 새로운 자아를 찾아가는 것"이라 정의하고 있다. 산업문명의 생활방식이나 가치관으로는 블록체인의 본질을 이해할 수도, 또 적응할 수도 없다. 산업문명의 특징을 생산과 소유라 한다면 블록체인은 연결과 공유의 문명이다.

그럼에도 우리 머릿속에는 서구가 산업문명의 중심에 서면서 그들 중심으로 왜곡시켜 놓았던 편향된 관념에 얽매어 있는 것이 너무 많은 것은 아닐까? 또 우리의 지식은 지난 200년 간 단단하게 굳어진 틀에 박제되어 있는 것은 아닌가?

블록체인 시대에는 비움과 깨뜨림과 버림의 철학에 익숙해져야 한다. 티벳의 스님들은 아주 의미 있는 행사 때는 모래만다라를 만든다고 한다. 여러 명이 엎드려 7일 동안 아주 가는 색모래로 그림을 그리는 작업인데, 호흡도 참아가며 온갖 정성을 다해 열중해야 한다. 그런데, 모래만다라를 완성하고 나서 축원을 마치면 곧바로 만다라를 지워 버린다는 것이다. 옆에서 보는 사람들은 안타깝다. 저렇게 공을 들여 만든 것을 순식간에 부숴 버리다니, 좀 더 많은 사람들이 보고 즐긴 후에 없애도 될 텐데? 그러나 어차피 모든 것은 무상하고, 완성되었던 모래만다라는 보는 사람들의 마음에 가득히 남아 있다고 생각하기 때문이란다. 이것이 블록체인 철학의 본질이다.

또 초원길을 걷는 유목민들은 만나는 사람에게 어디 사는 누구냐고 묻지 않고 어느 길로 왔느냐를 묻는다고 한다. 그들에게는 길이 곧 집이기 때문이다. 우리 머릿속에는 길은 잠시 지나가는 과정일 뿐이고 집이 목표라는 의식이 잠재해 있다. 그래서 행복이라는 집을 가기 위한 길이 어디인가를 물어보고 성공이라는 자리로 가는 길을 찾기에 분주하다. 이것은 산업문명 약 200년 동안의 삶의 양식이었고 가치관이었을 뿐이다. 수천 년 간 인류의 대부분은 그런 생각을 해보지도 그런 방식으로 살지도 않았다. 블록체인은 99% 피어들이 중심이 되는 평등한 인류공동체를 회복하자는 사상이다.

그들은 동굴에서 행복하게 살았다

무하마드 야누스는 1940년, 당시 영국의 식민지였던 인도 벵갈 지방에서 태어났다. 지금은 방글라데시가 된 지역이다. 영국과 미국에서 경제학을 공부하고 방글라데시로 돌아온 야누스는 많은 서민들이 가난의 악순환 굴레에서 벗어나지 못하는 현실을 보면서 그들이 경제적으로 자립할 수 있도록 해주어야겠다는 생각을 한다.

그래서 만든 것이 그라민 은행이었다. 무담보로 소액을 대출해주면 서민들이 그 돈을 자본삼아 새로운 자영업을 할 수 있지 않을까 하는 아이디어에서 시작했던 것인데 예상외의 성공을 거두었고 파장은 커져 갔다.

당시 방글라데시에는 은행구좌를 만들지 못하는 사람들이 대부분이었다. 신용이 없기 때문이다. 사실 경제가 이렇게 발달했다는 지금도 약 25~30억의 지구인은 은행과 거래하지 못한다. 그들에게 은행은 거대권력이다. 무하마드 야누스는 "신용이 소수의 부자들에게만 있는 특권이라는 잘못된 신화는 이제 사라져야 한다"는 말을 했다. 권력화된 은행 대신 서민들을 위한 소액대출을 해주는 그라민 은행은 그런 생각에서 시작되었고, 야누스 총재는 2006년 노벨평화상을 수상했다.

야누스 총재의 생각은 사토시 나카모토의 블록체인 발상과 닮아 있다. 99% 피어들이 중심이 되는 공동체를 만들어보자는 것이다. 야누스 총재는 블록체인이 어떤 기술인지 모를 수도 있겠지만 블록체인으로 무엇을 할 수 있는지 알고 있다. 그가 이런 말을 했다.

"인류는 모두 기업가다. 동굴에 살던 시절에는 우리 모두가 직접 음식을 구해 먹는 자영업자였다. 인류 역사는 그렇게 시작했다. 문명이 발전하면서 우리는 이를 억압했다. 타인이 '너는 노동자야'라고 낙인찍었기 때문에 우리는 '노동자'가 되었다. 우리는 스스로가 기업가라는 사실을 잊었다."(『공유경제는 어떻게 비즈니스가 되는가』, 86쪽)

블록체인이란 무엇인가? 야누스 총재의 표현을 따르자면 동굴로 돌아가자는 것이다. 블록체인은 99%의 혁명이다. 1%가 쥐고 있던 권력을 99% 피어들에게 분산 이동시켜서 99%가 주인공이 되는 동굴공동체를 건설하는 알고리즘이 블록체인인 것이다. 블록체인은 세상의 중심축을 이동시키고 비즈니스의 중심판도 옮기면서 가치의 이동을 일으키고 있고, 새로운 문명세계로 바꿔가고 있다.

자, 이제 책의 서두에 던졌던 질문으로 돌아가 봐야 할 때가 되었다.

"나는 블록체인으로 무엇을 할 수 있지?"

블록체인은 새로운 세상이다. 그렇다면 블록체인이라는 야생의 신대륙에는 보물 같은 기회가 무궁무진하지 않겠는가? 남들이 이렇게 해서 성공했대, 이런 사업거리가 뜬대, 누가 그런 것 물어다 줄 것을 기대하지 말라. 그건 나약한 생각이고 블록체인 생태계에 적합하지 않은 추종자의 체질일 뿐이다. 남들의 프레임으로 보지 말고 당신만의 프레임을 만들어야 한다. 이젠 질문을 이렇게 바꿔 보라.

"도대체 나는 무엇을 하고 싶은 거지?"

당신의 소명과 업이 무엇이고 무엇을 하고 싶은지 정립되어 있지 않은 상태에서는 블록체인으로 무엇을 할 수 있는지 답을 얻을 수 없고, 블록체인은 당신과 아무 상관도 없는 관념에 불과하다. 그러나 '나는 누구인가?' 라는 실존적 질문을 피하지 않고 정면으로 맞

부딪히는 용기를 낸다면 블록체인은 전혀 예상치 못했던 새로운 길을 열어줄 것이다.

블록체인 이야기의 결말은 해피엔딩이다. 우리는 동굴에서 행복하게 살았다.

참고문헌

갤러거, 레이. 『에어비앤비 스토리』, 유정식 譯, 서울: 다산북스, 2017

거스너, 루이스 V. 『코끼리를 춤추게 하라』, 이무열 譯, 서울: 북@북스, 2003

김용태. 『마케팅은 마술이다』, 서울: 정민미디어, 2005

김용태. 『손정의가 선택한 4차 산업혁명의 미래』, 서울: 연암사, 2018

김용태. 『트로이 목마를 불태워라』, 서울: 연암사, 2017

스테파니, 앨릭스. 『공유경제는 어떻게 비즈니스가 되는가』, 위대선 譯, 서울: 한스미디어, 2015

슬라이워츠키, 에이드리언 J. 『가치이동』, 황건 譯, 서울: 세종서적, 2000

앨드리치, 더글라스 F. 『디지털 시장의 지배』, 유한수 譯, 서울: 물푸레, 2000

앨스타인, 마셜 밴 외. 『플랫폼 레볼루션』, 이현경 譯, 서울: 부키, 2017

장한식. 『오랑캐 홍타이지 천하를 얻다』, 서울: 산수야, 2015

체이스, 로빈. 『공유경제의 시대』, 이지민 譯, 서울: 신밧드 프레스, 2015

탭스콧, 돈 외. 『블록체인 혁명』, 박지훈 譯, 서울: 을유문화사, 2017

토플러, 앨빈. 『권력이동』, 이규행 譯, 서울: 한국경제신문사, 1992

토플러, 앨빈 외. 『부의 미래』, 김중웅 譯, 서울: 청림출판, 2006

프라할라드, C. K. 『경쟁의 미래』, 김성수 譯, 서울: 세종서적, 2004

『동아사이언스』, 서울, 2018.2.23